Übungsbuch zur deutschen Grammatik

Wolfgang Reumuth

Übungsbuch zur deutschen Grammatik

Mit einem Schlüssel zu den Übungen

gottfried egert verlag
2017

Übungsbuch zur deutschen Grammatik

von
Wolfgang Reumuth, Mannheim

Bibliografische Information Der Deutschen Bibliothek
Die Deutsche Bibliothek verzeichnet diese Publikation in der Deutschen Nationalbibliografie; detaillierte bibliografische Daten sind im Internet über <http://dnb.ddb.de> abrufbar.

ISBN 978-3-936496-48-2

www.egertverlag.de
Gedruckt auf Recyclingpapier aus 100% Altpapier

Herstellung: Sonnendruck GmbH, Wiesloch
Printed in Germany

Vorwort

Das vorliegende *Übungsbuch zur deutschen Grammatik* bietet sowohl Anfängern als auch fortgeschrittenen Lernenden zahlreiche Übungen zu allen relevanten Kapiteln der deutschen Grammatik. Es enthält Einsetz-, Substitutions- und Transformationsübungen sowie Übungen zur Satzstruktur. Das Schlusskapitel lädt zur Fehlersuche ein. Wortschatz und Ausdrücke sind der deutschen Alltagssprache entnommen. Übungen mit einem höheren Schwierigkeitsgrad sind mit einem bzw. zwei Sternchen (*) versehen.

Obwohl dieses Übungsbuch für Deutsch-Lernende konzipiert ist, kann es auch für deutsche Muttersprachler, die ihre Grammatikkenntnisse überprüfen möchten, von Nutzen sein.

Die Lösungen aller Übungen befinden sich im Anhang.

Für die sorgfältige Durchsicht des Werkes danke ich Herrn Helmut Sachser und Herrn Prof. Dr. Otto Winkelmann.

Mannheim, im August 2017 Wolfgang Reumuth

Inhaltsverzeichnis

Kapitel 1 Das Substantiv

1. der, die, das?

…… Erde	…… Zeitung	…… Übung
…… Löffel	…… Schrank	…… Urlaub
…… Mädchen	…… Brücke	…… Schule
…… Hof	…… Obst	…… Regal
…… Gesellschaft	…… Art	…… Eingang
…… Gabel	…… Handtuch	…… Bett
…… Finger	…… Ergebnis	…… Eimer
…… Handy	…… Geschäft	…… Fenster
…… E-Mail	…… Tafel	…… Buch
…… Visum	…… Bus	…… Taxi
…… Boden	…… Hotel	…… Seife
…… Ausweis	…… Brief	…… Antwort
…… Haltestelle	…… Automat	…… Büro
…… Zug	…… Leben	…… Universität
…… Apotheke	…… Unterricht	…… Strand
…… Meer	…… Geschenk	…… Kirche
…… Bank	…… Post	…… Hand
…… Angebot	…… Zahl	…… Dieb
…… Geld	…… Krankheit	…… Alter
…… Stadion	…… Kurve	…… Welt
…… Firma	…… Ecke	…… Regen
…… Bier	…… Nebel	…… Land
…… Interesse	…… Wunsch	…… Sessel
…… Stuhl	…… Satz	…… Vorschlag

…… Kiosk	…… Höhe	…… Jahr
…… Erfolg	…… Problem	…… Baum
…… Wochenende	…… Berg	…… Rock
…… Kleid	…… Schalter	…… Angst
…… Überfall	…… Gruppe	…… Sonne
…… Stern	…… Hose	…… Insel
…… Radio	…… Ärztin	…… Anzug
…… Mond	…… Lampe	…… Internet
…… Praktikum	…… Kritik	…… Planet
…… Wald	…… Skandal	…… Zeichen
…… Tunnel	…… Eisen	…… Kraut
…… Volk	…… Vogel	…… Fleck
…… Brett	…… Ofen	…… Tal
…… Kissen	…… Reichtum	…… Gras
…… Fach	…… Schaden	…… Feld
…… Armut	…… Salz	…… Traum
…… Keller	…… Knie	…… Dach
…… Schatten	…… Weg	…… Pfad
…… Rind	…… Kraft	…… Werk
…… Deckel	…… Garage	…… Schmerz
…… Grund	…… Streik	…… Pfund

2. Setzen Sie die folgenden Substantive in den Plural:

der Schüler		der Gast	
das Buch		der Kunde	
der Arzt		das Kind	
das Mädchen		der Mann	

die Zeitung		das Ergebnis	
die Frau		die Schwester	
der Bruder		der Vorschlag	
der Mensch		die Sprache	
die Kartoffel		das Problem	
die Blume		das Haus	
das Fenster		der Spargel	
das Hotel		das Regal	
das Glas		der Schrank	
der Computer		der Apfel	
die Firma		die Tür	
das Handy		die Lehrerin	
die Krankheit		die Flasche	
die Gabel		das Messer	
das Ei		die Serviette	
der Stuhl		die Zeit	
die Stunde		der Tisch	
die Tasche		der Bleistift	
der Kuss		das Gesetz	
der Schritt		die (Sitz)Bank	
das Zeugnis		das Blatt	
der Test		der Park	
der Mord		das Volk	
das Geschäft		die Regel	
die Freundin		der Busch	
das Gesetz		der Unfall	
das Angebot		die Rechnung	
der Bus		der Zug	

der Fall		der Hund	
die Banane		der Zaun	
das Heft		das Feld	
das Fach		das Knie	
der Schmerz		die Band	
der Weg		der Eingang	
der Ball		der Schirm	
das Tor		der Markt	
der Pfad		das Loch	
die Kraft		die Frucht	
die Treppe		der Vorhang	
die Wand		die Dose	
der Preis		der Griff	
die Schachtel		das Pferd	
der Vogel		die Seite	
der Baum		das Gras	
der Sessel		das Dach	
die Pflanze		der Koffer	
der Onkel		das Tal	
der Eingang		die Adresse	
das Blatt		das Lied	
das Huhn		der Knopf	
der Strumpf		der Rand	
der Weg		der Artikel	
der Raum		der Wolf	
der Käfer		das Mittel	
der Hügel		die Lücke	
das Grab		die Geisel	

3. Setzen Sie die folgenden Substantive in den Plural*:

die Partei		der Typ	
das Material		der Band	
das Praktikum		der Tipp	
das Museum		der Saal	
das Komma		das Mosaik	
die Praxis		die Villa	
die Melodie		der Karton	
die Krypta		das Adverb	
das Faktum		das Indiz	
der Globus		das Fresko	
das Trauma		das Nomen	
das Stadion		der Tresor	
das Aquarium		das Konto	
das Visum		das Genus	
der Modus		das Klinikum	
der Atlas		das Prinzip	
das Zentrum		das Datum	
der/das Virus		das Genie	
das Lexikon		der Kasus	
das Tempus		der Balkon	
das Band		der Zyklus	
das Drama		der Terminus	
der Altbau		das Portrait	
die Partikel		das Geld	
der General		der Konsul	
der Kaufmann		der Staatsmann	

Kapitel 2 Die Fälle

1. Ergänzen Sie die Tabelle:

Nominativ	Genitiv	Dativ	Akkusativ
das Kind			
		dem Freund	
der Mensch			
		der Ananas	
			das Land
	der Freundin		
der Joghurt			
der Globus			
	der Kinder		
			die Frauen
das Auto			
		dem Problem	
die Männer			
			das Buch
	der Töchter		
die Söhne			
			das Hotel
das Jahr			
		der Küche	
die Zeitung			
			den Sessel
der Tourismus			
	der Industrie		

Nominativ	Genitiv	Dativ	Akkusativ
		dem Chef	
			die Tiere
die Seite			
das Herz			
das Haus			
	der Straße		
der Schlüssel			
		dem Essen	
der Ausländer			
	der Sätze		
			die Länder
das Foto			
		dem Bus	
die Züge			
			das Obst
	der Zwiebel		
die Nudeln			
			den Bleistift
		dem Fluss	
die Kartoffel			
			die Tomaten

2. Ergänzen Sie die fehlenden bestimmten Artikel:

1. .... Student bereitet sich auf .... Prüfung vor.
2. Das ist .... Auto .... Lehrer.
3. Was hast du .... Direktor gesagt?
4. Man muss .... Kinder... helfen.

5. ……….. Bücher gehören ……….. Studentin.
6. Wie geht es ……….. Schwester?
7. ……….. Bruder geht es gut.
8. Zeigst du mir ……….. Foto?
9. Ich lege ……….. Wurst in ……….. Kühlschrank.
10. ……….. Fensterrahmen sind frisch gestrichen.
11. Hast du ……….. Freund bei ……….. Hausaufgaben geholfen?
12. ……….. Hemd… sind schon gewaschen.
13. ……….. Fenster sind alle geputzt.
14. ……….. Ei… sind frisch.
15. Das ist ……….. Lösung ……….. Problem.
16. Das ist nicht ……….. Schuld ……….. Journalist.
17. ……….. Bus hält direkt vor ……….. Schule.
18. Hinter ……….. Haus ist ein großer Garten.
19. ……….. Kunde… waren nicht zufrieden.
20. ……….. Spargel… haben gut geschmeckt.
21. ……….. wirtschaftliche Lage ……….. Entwicklungsländer ist schlecht.
22. Das ist eine Frage ……….. Geschmack
23. Die Zahl ………Eheschließungen hat wieder zugenommen.
24. „Hören" ist ein Verb ……….. Wahrnehmung.
25. Sie trennten sich nach vier Jahren ……….. Zusammenleben.
26. Siehst du ……….. Mann an ……….. Ecke?
27. ……….. Kind… warten auf ……….. Lehrer.
28. Das ist ……….. Mutter ……….. Schülerin.
29. ……….. Schüler stehen an ……….. Bushaltestelle.
30. Das ist ……….. Anfang ……….. Gedicht.
31. ……….. Eingang ist um ……….. Ecke.

32. ……….. Metzgerei ist an ……….. Ecke.
33. In ……….. Wörterbuch habe ich ……….. Wort nicht gefunden.
34. Vor ……….. Kino hat sich eine lange Schlange gebildet.
35. Hat deine Mama ……….. Lehrer angerufen?
36. Wir gingen eine Weile ……….. Fluss entlang.
37. Wie hast du ……….. Satz übersetzt?
38. ……….. Schrank geht fast bis an ……….. Decke.
39. Das ist ……….. richtige Weg.
40. Mir tut ……….. Knie weh.
41. Das ist ……….. falsche Beruf für ihn.
42. ……….. Kabel ist nicht lang genug.
43. Mir ist ……….. Knopf abgegangen.
44. ……….. Regal ist 3 m breit.
45. ……….. Album enthält viele wertvolle Briefmarken.
46. ……….. Radio funktioniert nicht mehr.
47. ……….. Brief habe ich nicht erhalten.

3. Ergänzen Sie die fehlenden unbestimmten Artikel:

1. Ich bin über ……….. Kabel gestolpert.
2. ……….. geschenkten Gaul schaut man nicht ins Maul.
3. Zwei junge Leute auf ……….. Motorrad haben versucht, ……….. alte Frau zu berauben.
4. Du bist von ……….. falschen Theorie ausgegangen.
5. Ich habe ihn um ……….. Gefallen gebeten.
6. Warten Sie bitte ……….. Augenblick.
7. Ein solches Verhalten ist ……….. Ministers nicht würdig.
8. Alle hielten ihn für ……….. Gentleman.

9. Die Etrusker stellten sich den Tod als .... genaues Abbild des Lebens vor.
10. Venedig zu retten ist .... Wettlauf mit der Zeit.
11. Ich muss .... geeigneten Arbeitsplatz finden.
12. Wir haben beschlossen, ... neues Auto zu kaufen.
13. Es ist .... Freude, ihn Klavier spielen zu hören.
14. Mir ist .... Fehler unterlaufen.
15. Meine Eltern pflegten jeden Tag .... Spaziergang zu machen.
16. Jedes Kind braucht .... Bezugsperson.
17. Wie wär's mit .... Aperitif?
18. Es ist .... Schande, ihn so zu behandeln.
19. Ich hoffe, ... Parklücke zu finden.
20. .... Tages wirst du es bereuen.
21. Du wirst bald merken, dass du .... sehr schweren Fehler gemacht hast.
22. Wir sind auf der Suche nach .... größeren Wohnung.
23. Dieser Schüler ist nie um .... Ausrede verlegen.
24. Das ist .... schwer realisierbares Projekt.
25. Auf .... so törichte Frage antworte ich nicht.
26. Sie ist die Tochter .... Arztes und .... Lehrerin.
27. Dort gab es .... Überfall auf .... Bank.
28. .... Kunde hat sich über .... Angestellten beschwert.
29. Das ist .... unglaubliche Geschichte.
30. .... Polizeibeamter hat mir .... guten Rat gegeben.
31. Wir haben uns an .... Montag .... Auto gekauft.
32. Das ist die Tat .... Wahnsinnigen.
33. Es gab in .... Lokal .... Schlägerei.

34. .... Autofahrer muss .... Strafe bezahlen, weil er .... Polizistin beleidigt hat.
35. Das ist wirklich .... gutes Angebot.
36. So .... Frechheit!
37. Der Rentner hatte das Geld in .... Schrank versteckt.
38. Er ist der Sohn .... berühmten Sängerin.
39. Mein Sohn hat .... starken Schnupfen.
40. .... Hund ist .... treuer Begleiter.
41. Ich habe mich mit .... Mitschüler gestritten.
42. Sie hat .... Mitschülerin .... Ohrfeige gegeben.
43. Das ist das Mäppchen .... Mädchens.
44. Wir haben .... Flug nach Rio gebucht.
45. Alle Kinder spielen .... Instrument.
46. Die Dokumente befinden sich in .... Ordner.
47. Das ist .... anderer Fall.
48. Markus ist ein Bild von .... Mann.
49. .... Teil der Schüler ist zu Hause geblieben.
50. Ich muss mir .... Laptop kaufen.

4. Bilden Sie Sätze im Präsens:

1. Ich, eine E-Mail, die Freundin, schreiben:

   ....

2. Der Lehrer, die Schüler, die Aufgabe erklären:

   ....

3. Ich, meine Tochter, ein Paar Schuhe, kaufen:

   ....

4. Sie , das Geld, die Eltern, zurückgeben:

   ....

5. Maria, ihr Fahrrad, die Freundin, leihen:

....

6. Du, der Weg, die Touristen, zeigen:

....

7. die Gäste, Der Kellner, der Wein, bringen:

....

8. eine Geschichte, die Kinder, Der Lehrer, vorlesen:

....

9. die Dame, die Tür, Ich, aufmachen:

....

10. Wir, das Hotel, die Nachbarn, empfehlen:

....

11. Du, das Paket, die Großeltern, schicken?:

....

12. Ich, fünf Euro, schulden, die Nachbarin:

....

13. der Zutritt, der Türsteher, verweigern, der Jugendliche

....

14. der Abiturient, der Direktor, das Zeugnis, überreichen

....

15. der Nachfolger, der Minister, das Amt, übergeben

....

16. sein Enkel, Opa, alle Fehler, nachsehen

....

17. die Tochter, ein Geheimnis, Die Mutter, anvertrauen

....

Kapitel 3 Der Artikel

1. Bestimmter Artikel, unbestimmter Artikel, kein Artikel?

1. .... April hat dreißig Tage.
2. Ich reise gern mit .... Zug.
3. .... Obst ist gesund.
4. Inzwischen haben fast alle .... Handy.
5. Mein Schwager isst alles außer .... Karotten.
6. Meine Tochter liegt mit .... Fieber im Bett.
7. Ich hatte nicht gemerkt, dass ich bei .... Rot durchgefahren war.
8. Er hat kein Glück in .... Liebe.
9. .... Kind muss sich austoben.
10. Hattet ihr .... gute Reise?
11. Wer von rechts kommt, hat .... Vorfahrt.
12. Auch .... Professoren können irren!
13. Hast du .... Führerschein?
14. Der Junge hat .... schlechtes Gewissen.
15. .... Saturn ist .... Jupiter sehr ähnlich.
16. .... Werbung ist das A und O des Handels.
17 .... Kinder sind nun einmal so!
18. Ich gehe nie mit .... leerem Magen aus dem Haus.
19. .... Lügen haben kurze Beine.
20. Meine Schwester hatte .... Tränen in .... Augen.
21. .... Gewalt erzeugt .... Hass.
22. Ich habe .... leichten Schlaf.
23. Man braucht .... Rezept für dieses Medikament.
24. Ich lasse mir .... Bart wachsen.
25. Ich höre gerne .... Musik.

26. Es wird .... Sommer.
27. Nicht alle Babys essen gerne .... Spinat.
28. Ich unterrichte .... Mathematik.
29. Er ist nicht in .... Lage, das zu tun.
30. .... Gelegenheit macht Diebe.
31. .... Hunde, die bellen, beißen nicht.
32. Meine Schwester arbeitet als .... Verkäuferin in .... Kaufhaus.
33. Mein Vater hat .... gutes Gedächtnis.
34. Ich bin .... Einzelkind.
35. Dieses Jahr fällt mein Geburtstag auf .... Montag.
36. Entschuldigung, ich habe mich in .... Tür geirrt.
37. .... Tabak ist .... Gift für .... Gesundheit.
38. Ich will .... Geige spielen lernen.
39. Schließlich verlor der Richter .... Geduld.
40. Ich bin ...... Wassermann, und du? – Ich bin ..... Jungfrau.
41. Es war .... schwierige Geburt.
42. Es ist nur ...... Frage .... Zeit.
43. Ich habe ...... Schnupfen.
44. .... Geschäft ist .... Geschäft.
45. Ohne .... Wort zu sagen, verließ er den Raum.
46. Das ist .... Männersache.
47. .... Unglück kommt selten allein.
48. Unsere Tochter will .... Dolmetscherin werden.
49. Unser Sohn lebt in .... Schweiz.
50. Der Film spielt .... Berlin .... zwanziger Jahre.
51. Mit .... Geduld wirst du alle Schwierigkeiten überwinden.
52. Man hat ihn ...... Diebstahls angeklagt.
53. Seine Frau hat .... grünen Daumen.

54. Wir haben .... Walzer getanzt.
55. Es brach .... Panik aus.
56. Er sagte das, ohne mit .... Wimper zu zucken.
57. .... Wale sind Säugetiere.
58. Der Mann verlor .... Bewusstsein.
59. Meine Frau hat .... sechsten Sinn.
60. Ich werde .... Arzt wechseln.
61. Es war .... Hölle.
62. .... Krähe hackt .... anderen kein Auge aus.
63. Isabell ist .... Schatz von .... Mädchen.
64. Unsere Tochter ist .... Vegetarierin.
65. .... Leben ist schwer.
66. Neulich habe ich .... alten Freund von mir getroffen.
67. .... Zeit ist Geld.
68. Der Junge muss noch drei Wochen in .... Krankenhaus bleiben.
69. Es war .... Liebe auf .... ersten Blick.
70. Er ist........ geborene Lehrer.
71. Das ist .... gute Nachricht.
72. Ich glaube, ich bekomme .... Erkältung.
73. Es war an .... schönen Sommertag.
74. Vor .... Tunnel gab es .... langen Stau.
75. Das ist .... Zeichen .... Schwäche.
76. .... Undank ist .... Welt(en) Lohn.
77. .... solches Verhalten ist .... Lehrers unwürdig.
78. Hast du .... Fieber?
79. Ich habe .... Migräne.
80. Du hast .... guten Geschmack.
81. Gibt es .... Leben nach .... Tod?

82. Ich habe .... leeren Magen.
83. .... Frauen leben im Durchschnitt acht Jahre länger als .... Männer.
84. Man muss .... kühlen Kopf bewahren.
85. .... Herzinfarkt und .... Krebs zählen zu den häufigsten Todesursachen.
86. Ich lerne .... Klavier spielen.
87. Sie haben uns .... Gastfreundschaft gewährt.
88. Wir müssen der Sache .... Ende setzen.
89. Ihr Schwiegersohn ist .... Italiener.
90. Der Junge schlich sich auf .... Zehenspitzen heran.
91. Wir lachten alle, mit .... Ausnahme von Tim.
92. Wir waren von .... Anfang an dagegen.
93. .... Schicksal ist manchmal grausam.
94. Nach .... Abendessen gehen wir spazieren.
95. Er ist .... Mann von .... Welt.
96. Kannst du .... Tango tanzen?
97. Als .... Kind war ich ziemlich ängstlich.
98. .... Parlament wurde aufgelöst.
99. Wir sind in .... Eile.
100. .... Zeit wird es erweisen.
101. Wir sind mit .... Auto gekommen.
102. Das sage ich nicht in .... Öffentlichkeit.
103. .... Zufriedenheit geht über .... Reichtum.
104. Wir sind in .... Minderheit.
105. Herr Meier ist in .... Sitzung.
106. Unser Direktor hat .... gute Figur abgegeben.
107. So langsam verliere ich .... Mut.

Kapitel 4 Die Demonstrativa

1. Ergänzen Sie die Tabelle:

Nominativ	Genitiv	Dativ	Akkusativ
dieses Kind			
		diesem Auto	
dieser Mensch			
			diese Bücher
jene Frau			
	dieser Katze		
		diesem Fluss	
dasselbe Auto			
	dieser Kinder		
			diese Frauen
diese Blume			
		diesem Tisch	
solche Männer			
			dieses Tal
	dieser Töchter		
diese Söhne			
			dieses Hotel
jenes Jahr			
		dieser Küche	
diese Zeitung			

Nominativ	Genitiv	Dativ	Akkusativ
	dieser Filme		
			jene Tage
diese Äpfel			

2. Ergänzen Sie die fehlenden Endungen:

1. Gefällt dir dies……. Kleid?
2. Mit dies……. Ergebnis bin ich nicht zufrieden.
3. Die Fenster dies……. Hauses müssen ersetzt werden.
4. An jen……. Abend war er betrunken.
5. Anfang dies….. Jahres werde ich den Führerschein machen.
6. Bei dies……. Nebel sieht man nichts.
7. Wir fahren nicht mit meinem Auto, sondern mit d……. meines Bruders.
8. D……. ist ein spannender Krimi.
9. Aus dies……. Grund komme ich nicht.
10. Die Lage dies……. Eltern ist nicht beneidenswert.
11. Dies……. Test habe ich bestanden.
12. Dies……. Vorschlag wurde einstimmig angenommen.
13. Die Eltern dies……. Kindes haben schon viel durchgemacht.
14. Was hätten Sie in dies……. Situation gemacht?
15. Auf dies……. Frage weiß ich keine Antwort.
16. Bei dies……. Lärm kann ich nicht lernen.
17. In dies……. Fall haben Sie recht.
18. Die meisten haben sich für dies……. Vorschlag ausgesprochen.
19. Ist dies…….Stuhl hier frei?
20. In dies……. Tagen haben wir viel zu tun.

21. D……. ist eine Lüge!
22. Dies……. Problem ist kaum lösbar.
23. Ders……. Drucker kostet dort 50 Euro weniger.
24. Die Regierung muss sich dies…… Problems annehmen.
25. Ihr habt dies……. Fehler gemacht wie das letzte Mal.
26. Mein Auto verbraucht weniger Benzin als d……. meines Bruders.
27. Dieser Staubsauger ist besser als d……., den wir zu Hause haben.
28. Es ist uns gelungen, die Formalitäten an ein und dems……. Tag zu erledigen.
29. Mit solch……. Leuten kann man keine Geschäfte machen.
30. Auf jen……. Party hatte sie das gleiche Kleid an wie ich.
31. Mit dies……. Antwort bin ich nicht zufrieden.
32. Ein solch……. Verhalten ist nicht hinnehmbar.
33. Die Farbe dies……. Autos gefällt mir sehr.
34. Dies……. Spieler halte ich für sehr talentiert.
35. Dies……. Angebot können wir nicht ablehnen.
36. In dies……. Lage wollte ich nicht sein.
37. Unter dies……. Umständen ist das Projekt nicht zu verwirklichen.
38. Bei dies……. Hitze habe ich keine Lust zu arbeiten.
39. In dies……. Firma haben wir viel Geld investiert.
40. Dies……. Regierung wird es nicht gelingen, das Problem zu lösen.
41. Dies……. Händler kannst du vertrauen.
42. In dies……. Übersetzung wimmelt es von Fehlern.
43. Wir müssen mit dies……. Ergebnis leben.
44. Bei dies……. Wetter gehe ich nicht aus dem Haus.
45. Trotz dies……. Schwierigkeiten haben sie es gewagt.
46. Was hast du dies……. Frau gesagt?

Kapitel 5 Die Possessiva

1. Ergänzen Sie die Possessivadjektive:

1. Wie heißt d.......... Vater?
2. Wo wohnen d.......... Eltern?
3. Ist das das Auto d.......... Vaters?
4. Hast du m.......... Vater gesehen?
5. Das Auto gehört s.......... Frau.
6. Das Motorrad gehört i.......... Mann.
7. Ich suche m.......... Brille.
8. Wir lieben u.......... Kinder.
9. Hast du d.......... Hausaufgaben schon gemacht?
10. Ich bin mit m.......... Freund ins Kino gegangen.
11. Sie ist ohne i.......... Mann in Urlaub gefahren.
12. Wie ist I.......... Name?
13. Das ist das Haus m.......... Großeltern.
14. Wir haben vor e.......... Garage geparkt.
15. U.......... Hotel liegt im Zentrum.
16. Ohne m.......... Freund würde ich das nicht entscheiden.
17. Das ist für d.......... Tochter.
18. Oxford ist für s.......... Universität berühmt.
19. Tennis ist m.......... Lieblingssport.
20. Wo sind e.......... Kinder?
21. Was für eine Farbe hat d.......... Auto?
22. Ich verstehe mich mit m.......... Chef gut.
23. D.......... Mann habe ich in der Stadt getroffen.
24. Gegenüber u.......... Haus ist ein Supermarkt.
25. Wir haben u.......... Flitterwochen in Italien verbracht.

26. Silvia hat i.......... Schlüssel verloren.
27. Was würdest du an m.......... Stelle tun?
28. Er genießt s.......... Leben.
29. I.......... Muttersprache ist Deutsch.
30. Ich habe m.......... Meinung geändert.
31. Man muss s.......... Rechte kennen.
32. Sie haben mir i.......... Hilfe angeboten
33. Ich habe alles aus m.......... Tasche bezahlt.
34. E.......... Vorschlag ist interessant.
35. I.......... Väter sind arbeitslos.
36. Was hast du d.......... Vater gesagt?
37. Hast du s.......... Schwester geholfen?
38. Ich habe m.......... Schlüssel verloren.
39. Petra hat i.......... Eltern vom Bahnhof abgeholt.
40. Tobias hat mit s.......... Freundin einen Spaziergang gemacht.
41. In u.......... Hotel waren viele Franzosen.
42. Das ist in d.......... Interesse.
43. Carmen liebt i.......... Vater.
44. Habt ihr e.......... Hausaufgaben schon gemacht?
45. Das ist für d.......... Freund.
46. Was hast du von d.......... Eltern zum Geburtstag bekommen?
47. U.......... Vater haben wir nichts gesagt.
48. U.......... Mutter haben wir in der Küche geholfen.
49. Hast du dieses Brot bei e.......... Bäcker gekauft?
50. Gestern habe ich lange mit m.......... Freundin telefoniert.
51. Silvia ist mit i.......... Freundinnen ins Kino gegangen.
52. Elena hat i.......... Zimmer aufgeräumt.

53. U.......... Tochter ist ohne u.......... Erlaubnis in die Disko gegangen.
54. Ich habe die Blumen auf m.......... Schreibtisch gestellt.
55. Ohne m.......... Handy verlasse ich nie das Haus.
56. Die Eltern von Mario wollen i.......... Haus verkaufen.
57. Unser.......... Lehrerin hat das nicht gefallen, u.......... Eltern auch nicht.
58. Wann bekommt ihr e.......... Zeugnisse?
59. Kümmere dich um d.......... Angelegenheiten!
60. Cäsar hatte Oktavian zu s.......... Erben bestimmt.
61. Das sind die Fahrräder m.......... Eltern.
62. Martina hat i.......... Pass im Hotel vergessen.
63. Gib mir einen Kuss, m.......... Schatz!

2. Ergänzen Sie die fehlenden Possessivadjektive:

1. Warum hast du .... Hausaufgaben nicht gemacht?
2. Warum haben die Schüler .... Hausaufgaben nicht gemacht?
3. Warum hat Linda .... Hausaufgaben nicht gemacht?
4. Warum hat Thomas .... Hausaufgaben nicht gemacht?
5. Warum habt ihr .... Hausaufgaben nicht gemacht?
6. Wir haben .... Hausaufgaben schon gemacht.
7. Lena, was hast du .... Freund zum Geburtstag geschenkt?
8. Heute war .... Lehrer mit uns zufrieden.
9. Claudia hat .... Handy verloren.
10. Ich war mit .... Freundin im Eiscafé.

11. Wir fahren mit .... Eltern an die Nordsee.
12. Wo habt ihr .... Kinder gelassen?
13. Olivia, wie heißt .... Mathematiklehrerin?
14. Ich besuche .... Oma einmal in der Woche.
15. Meine Großeltern wollen .... Haus verkaufen.
16. Man muss sich mit .... Los abfinden.
17. Fragt doch .... Lehrerin.
18. Herr Werner, ist das .... Auto?
19. Sven ist mit .... Freunden ins Kino.
20. Sonja ist in .... Lehrer verliebt.
21. Jeder ist .... Glückes Schmied.
22. Man muss sich nach .... Möglichkeiten richten.
23. .... Vater habe ich das nicht gesagt, aber .... Mutter.
24. Räum zuerst .... Zimmer auf, dann kannst du gehen.
25. Die Eltern haben Probleme mit .... Kindern.
26. Alles zu .... Zeit.
27. Hans versteht .... Handwerk.
28. Frau Seitz, kann ich .... Mann sprechen?
29. Macht .... Bücher zu!
30. Hast du .... Koffer schon gepackt?
31. Trotz .... Behinderung nimmt er an der Reise teil.
32. Tobias, ohne .... Hilfe hätte ich die Prüfung nicht geschafft.
33. Sie haben .... Plan aufgegeben.
34. Auf .... Erbteil wollen wir nicht verzichten.
35. .... Kindern haben sie ein großes Vermögen hinterlassen.
36. Maria, ... Tochter helfe ich gerne.

37. Herr Meier, was ist .... Meinung dazu?
38. Ein Arzt sollte sich .... großen Verantwortung bewusst sein.
39. Die Präsidentin wurde .... Amtes enthoben.
40. Silvia ist auf .... Schwester eifersüchtig.
41. Habt ihr das .... Tochter erlaubt?

3. Fügen Sie die passenden Possessivpronomen ein:

1. Wir sind mit unserem Hotel sehr zufrieden. Seid ihr mit .... auch zufrieden?
2. Hier ist meine Handynummer. Könnten Sie mir .... geben?
3. Hier steht mein Fahrrad. Wo steht ...., Sven?
4. Können wir euren Rasenmäher benutzen? .... funktioniert nicht.
5. Hier liegt mein Wörterbuch. Rolf, wo liegt ....?
6. Ich habe meine Eltern schon gefragt. Er aber .... noch nicht.
7. Ich bringe meinen Freund mit. Sie will auch .... mitbringen.
8. Was ist deine Lieblingsmannschaft? - Dortmund. .... ist Schalke.
9. Er (M. Laternau) bat, man solle ihm die Augen mit einem Taschentuch verbinden, und als er unsere Taschentücher sah, nahm er lieber .... (Sempé/Goscinny).
10. Gib mir bitte deinen Schlüssel, ich habe .... verlegt.
11. Mein Handy ist kaputt. Leihst du mir ....?
12. Dein Vater und .... spielen oft zusammen Karten.
13. Sollen wir mein Auto nehmen oder willst du lieber mit .... fahren?

Kapitel 6 Die Indefinita

Fügen Sie die passenden Indefinita ein:

1. Man kann nicht .... wissen.
2. Ich sehe ihn .... Tag.
3. .... geht über eine gute Tasse Kaffee.
4. Haben Sie nicht .... Billigeres?
5. Meine Frau muss .... Augenblick nach Hause kommen.
6. Das sind .... Lügen!
7. .... Anfang ist schwer.
8. Vielen Dank! – .... Ursache!
9. Ich jogge bei .... Wetter.
10. Bis jetzt habe ich noch .... Antwort erhalten.
11. .... das Seine.
12. Das tut .... in der Seele weh.
13. Das macht .... einfach nicht.
14. .... wussten es.
15. Das lässt .... nicht kalt.
16. Ich habe .... Briefmarken mehr. Hast du noch ....?
17. Es gibt nicht nur eine Möglichkeit, sondern ....
18. Ich habe noch .... Geld übrig.
19. Was .... gern tut, fällt .... nicht schwer.
20. .... kann nicht .... haben.
21. Das soll .... lesen können!
22. .... Gute zum Geburtstag!
23. So .... darf .... nicht passieren.
24. Durch Fehler lernt ....

25. Alle haben ein Handy, ich habe noch ……………..
26. Da ich …………….. Einkäufe tätigen muss, werde ich nicht vor Mittag zu Hause sein.
27. …………….. Dinge sagt …………….. nicht.
28. Leider kann ich …………….. Englisch.
29. …………….. ist nur einmal jung.
30. Ich habe mit …………….. gesprochen.
31. Das ist …………….. im Vergleich zu dem, was ich erlebt habe.
32. Ich esse …………….. Fisch.
33. Nicht …………….. wissen es.
34. Eine Schwalbe macht noch …………….. Sommer.
35. Leider kenne ich …………….., an den ich mich wenden könnte.
36. Ich übernehme …………….. Verantwortung dafür.
37. Es ist ein leichte Erkältung, weiter ……………..
38. …………….. braucht zwei Stunden dorthin.
39. Wenn …………….. schwanger ist, muss …………….. sich schonen.
40. Die Suppe schmeckt nach ……………..
41. …………….. hat seine Grenzen.
42. Das ist die Wurzel …………….. Übels.
43. Leider habe ich …………….. guten Orientierungssinn.
44. Nicht …………….. kamen mit dem Leben davon.
45. Warum gibt es in der katholischen Kirche …………….. Priesterinnen?
46. Müßiggang ist …………….. Laster Anfang.
47. Ich habe …………….. dagegen.
48. Dieser Mann erinnert mich an …………….., den ich letztes Jahr getroffen habe.
49. Das sagte …………….. Geringerer als Goethe.

50. .... war überrascht, dass er zum Präsidenten gewählt wurde.

51. Ich würde .... für dich tun.

52. .... geht immer.

53. Das kann .... mal passieren.

54. Das ist das Recht eines .... Menschen.

55. .... zu seiner Zeit.

56. Spielst du .... Instrument?

57. Ein .... Herr Petersen ist am Apparat.

58. .... ist immer der Dumme.

59. Es muss .... Zusammenhang geben.

60. .... Mensch muss sterben.

61. Hast du schon .... dieser Bücher gelesen?

62. Das ist nicht nach .... Geschmack.

63. Stimmt .... nicht?

64. Spricht hier .... Spanisch?

65. Ich sehe leider .... Möglichkeit, zu einer gütlichen Einigung zu kommen.

66. .... kapieren das nie!

67. .... Mal ist es das Gleiche.

68. Ich bin ganz .... Dinge gewöhnt.

69. In .... Sinne hast du recht.

70................. der Mädchen übt einen Sport aus.

71. An dieser Sache ist .... Wahres dran.

72. .... steht frei zu tun, was er für richtig hält.

73. .... Dinge sagt man nicht.

74. Diese Frau hat das gewisse ....

75. .... übersieht man immer.

76. Ich habe auf meinen Reisen so .... erlebt.

77. Hast du .... Wunsch?

Kapitel 7 Die Interrogativa

1. Setzen Sie das passende Fragewort ein:

1. In .... Stock wohnst du?
2 .... sind Sie von Beruf?
3. .... bist du gestern nicht im Unterricht gewesen?
4. .... alt bist du?
5. Zu .... seid ihr?
6. .... Nationalität haben Sie?
7. Bis .... muss ich das Zimmer räumen?
8. In .... Monat bist du geboren?
9. .... Schuld ist es?
10. Von .... hast du es erfahren?
11. .... hoch ist der Kirchturm?
12. .... bleibt ihr nicht zum Abendessen?
13. .... hat das gesagt?
14. .... Miete zahlt ihr?
15. Den .... haben wir heute?
16. Mit .... Recht tun Sie das?
17. Aus .... Sprache kommt dieses Wort?
18. Mit .... Hilfe hast du das geschafft?
19. .... oft kaufst du dir ein Paar Schuhe?
20. .... hast du abgenommen? – 3 Kilo.
21. .... heißt der Plural von „Firma"?
22. Bei .... warst du gestern?
23. Aus .... Material ist diese Kiste?
24. .... lautete Ihre Frage?
25. An .... Länder grenzt Deutschland?
26. .... komme ich zum Bahnhof?

27. Als .... verkleidest du dich?
28. .... habt ihr die Ferien verbracht?
29. .... gehst du?
30. .... geht es dir?
31. .... hast du Geburtstag.
32. In .... Wörterbuch hast du das Wort gefunden?
33. .... ist an der Reihe?
34. .... gehört dieser Mantel?
35. Auf .... wartest du?
36. In .... Schule geht ihre Tochter?
37. .... findest du das? – Gut.
38. .... kommst du?
39. .... Schuhgroße haben Sie?
40. .... ist das Wetter?
41. In .... Klasse bist du?
42. .... Sternzeichen sind Sie?
43. .... hat dir das Essen geschmeckt?
44. .... weißt du das?
45. .... ist dein Lieblingsfach?
46. .... ist Ihre Kontonummer?
47. .... Brille ist das?
48. .... ist mit dir? Bist du krank?
49. .... wiegst du?
50. Seit .... sind Sie in Deutschland?
51. Mit .... Vater haben Sie gesprochen?
52. Von .... Gleis fährt der Zug ab?
53. Um .... Uhr beginnt der Unterricht?
54. An .... muss man sich wenden?
55. .... ist aus ihm geworden?

56. Im .... Monat ist Ihre Frau?
57. .... Instrument spielen Sie?
58. Unter .... Nummer sind Sie zu erreichen?
59. .... ist Ihr Familienname?
60. Auf .... Jahrhundert gehen diese Dokumente zurück?
61. .... ist Ihre Meinung?
62. .... Idee war das?
63. .... Geschlecht hat das Baby?
64. .... ist dein Vater von Beruf?
65. .... groß sind Sie?
66. .... hatten Sie ihre letzte Periode?
67. .... klagt man dich an?
68. .... Datum haben wir heute?
69. .... Tag ist heute?
70. .... Kleid ziehst du heute Abend an?
71. .... Wein trinkst du am liebsten?
72. .... Wein ziehst du vor, roten oder weißen?
73. .... soll ich das wissen?

2. Ergänzen Sie das passende Frageadverb*:

1. .... kann ich Ihnen dienen?
2. .... ist das zurückzuführen?
3. .... hängt das ab?
4. .... besteht der Unterschied?
5. .... dient das?
6. .... hängt das zusammen?
7. .... hast du ihn erkannt?
8. .... hoffst du?
9. .... glaubst du?

10. .... haben sie sich geeinigt?
11. .... habt ihr diskutiert?
12. .... hat er bestanden?
13. .... richtest du dich?
14. .... handelt er?
15. .... handelt die Geschichte?
16. .... spielen Sie an?
17. .... denkst du gerade?
18. .... legst du Wert?
19. .... musst du nachdenken?
20. .... hat er verstoßen?
21. .... soll ich achten?
22. .... zielen Sie ab?
23. .... soll ich mich gewöhnen?
24. .... ist sie gestorben?
25. .... zweifeln Sie?
26. .... riecht das?
27. .... haben sie Mangel?
28. .... hat er sich lustig gemacht?
29. .... ernährst du dich?
30. .... war er bewaffnet?
31. .... hast du dich gewundert?
32.................. soll ich mich entschuldigen?
33. .... soll ich mich hüten?
34. .... hat er sich gerächt?
35. .... warst du beschäftigt?
36. .... hat sie sich nicht erinnert?
37. .... wirkt sich das aus?
38. .... spart ihr?

39. .... engagierst du dich?
40. .... hat sie dir abgeraten?
41. .... hat er dir gedankt?
42. .... hat die Kundin gefragt?
43. .... schmeckt das?
44. .... habt ihr gesprochen?
45. .... beneidest du sie?
46. .... hast du ihm gratuliert?
47. .... hat sie dich gebeten?
48. .... interessierst du dich?
49. .... hat er dich eingeladen?
50. .... hast du geträumt?
51. .... soll ich mich konzentrieren?
52. .... habt ihr abgestimmt?
53. .... hat er sich geirrt?
54. .... wartest du?
55. .... sollen wir uns richten?
56. .... bezieht er sich?
57. .... riecht das?
58. .... vergleicht der Dichter das Leben?
59. .... bereitest du dich vor?
60. .... handelt dein Onkel?
61. .... spielen die Kinder?
62. .... hast du dich geärgert?
63. .... haben sie ihn bedroht?
64. .... hat sie sich beklagt?
65. .... soll man die Öffentlichkeit sensibilisieren?
66. .... basiert dieser Film?
67. .... äußert sich diese Krankheit?

Kapitel 8 Die Personalpronomen

1. Ergänzen Sie:

1. Wie geht es dir? – Es geht …… gut.
2. Wie geht es Elias? – Es geht …… gut.
3. Wie geht es deiner Mutter? – Es geht …… gut.
4. Wie geht es euch? – Es geht …… gut.
5. Wie geht es Sonja und Eva? Es geht …… gut.
6. Wie geht es deinem Bruder? – Es geht …… gut.
7. Wie geht es deinen Eltern?- Es geht …… gut.
8. Was tut dir weh? - …… tut die Hand weh.
9. Was tut Mark weh? - …… tut der rechte Arm weh.
10. Herr Müller, was tut …… weh? - …… tut die Schulter weh.

2. Ergänzen Sie die passenden Personalpronomen:

1. Schmeckt euch der Kuchen? – Ja, …… schmeckt …… sehr gut.
2. Gefällt deiner Schwester das Geschenk? – Ja, …… gefällt ……
3. Hast du Frau Meier das Buch gegeben? – Ja, ich habe …… das Buch gegeben.
4. Was hast …… Robert gesagt? – Ich habe …… gesagt, dass ich zu Hause bin.
5. Hast du Petra geholfen? – Ja, ich habe …… geholfen.
6. Spielst du mit Peter Fußball? – Ja, ich spiele mit …… Fußball.
7. Silvia, ich danke ……
8. Herr Bremer, ich danke ……
9. Gehört die Hose deinem Bruder? – Nein, …… gehört …… nicht.
10. Hast du es deinem Papa gesagt? – Ja, ich habe es …… gesagt.

11. Peter, was hat Frau Kuhn ...... geantwortet?
12. Ich kann das nicht allein machen. Hilfst du ......?
13. Hast du die Rechnung schon bezahlt? – Ja, ich habe schon bezahlt.
14. Hat die Lehrerin mit seiner Mutter gesprochen? – Ja, ... hat mit ...... gesprochen.
15. Hat Herr Meier seinen Kollegen angerufen? – Ja, ... hat ...... angerufen.
16. Wo hast du deine Frau kennengelernt? – Ich habe ...... im Theater kennengelernt.
17. Nehmt bitte Platz. Was kann ich ...... anbieten?
18. Ich will dich nicht mehr sehen! Zwischen ...... ist es aus!
19. Guten Tag, womit kann ich ...... dienen?
20. Das Wort liegt ...... auf der Zunge.
21. ...... meldet sich niemand.
22. Wir haben ...... mit Verrückten zu tun.
23. Sabine, dieses Geschenk ist für ......
24. Wir sind bereit. An ...... soll es nicht liegen.
25. Warum ärgerst du die Mädchen? – Das stimmt nicht. Ich ärgere ...... ja gar nicht.
26. Ihre Nachbarn sind sehr stur. Mit ...... kann man nicht reden.
27. Liebst du Samuel immer noch? – Ja, ich liebe ...... immer noch.
28. Hast du Christina verziehen? – Ja, ich habe ...... verziehen.
29. Ich schaffe ...... einfach zeitlich nicht.
30. ...... ist mir nicht gelungen, ihren Vater zu überzeugen.
31. Unser Lehrer ist sehr nett. Er hat ...... sogar zu einem Eis eingeladen.
32. ...... bist ganz blass. Ist ...... schlecht?
33. Was fällt ...... ein? Das kannst du doch nicht machen!

34. Was ...... nicht willst, dass man ...... tu', das füg auch keinem andern zu.
35. Sie wissen nicht, was sie machen sollen. Kannst du ...... helfen?
36. Kinder, was habe ich ...... gesagt?
37. Opa liegt im Krankenhaus. Kannst du ...... morgen besuchen?
38. Sprecht mit eurem Lehrer. Diesen Rat gebe ich ......
39. Ich habe einen Fehler gemacht. Verzeihst du ......?
40. Der arme Kerl! Sie machen sich immer über ...... lustig.
41. Ich habe es gemacht. Aber ...... hat ...... viel Überwindung gekostet.
42. Das lasse ich ...... nicht gefallen!
43. Wenn ...... kalt ist, soll er eine Strickjacke anziehen.
44. Sie gefällt ......? Ich weiß nicht, was du an ...... findest.
45. Die Eltern haben so entschieden. Ich mache ...... keinen Vorwurf.
46. Peter ist ein netter Kerl. Ich glaube deine Schwester hat sich in ...... verliebt.
47. ...... hat geläutet.
48. ...... wird nachgesagt, dass sie nachtragend sei.

3. Ersetzen Sie die kursiv gedruckten Satzteile durch die passenden Personalpronomen:

1. Hast du *deinem Freund das Buch* geschenkt? – Ja,

   ....

2. Hat *Alexander seiner Freundin den Ring* gekauft? – Ja,

   ....

3. Hat *der Vaterseinem Sohn das Auto* geliehen? – Ja,

....

4. Habt ihr *Oma das Paket* geschickt? – Ja,

....

5. Hast du *Tobias die E-Mail* geschrieben? – Ja,

....

6. Hat *deine Schwester* dir *die Bluse* gekauft?– Ja,

....

7. Habt ihr *euren Eltern die Reise* geschenkt? – Ja,

....

8. Hast du *deiner Tochter den Besuch der Disko* erlaubt? –

Ja,...

9. Hat *der Chef seiner Sekretärin den Brief* diktiert? – Ja,

....

10. Kannst du mir *das Wörterbuch* geben? – Ja,

....

11. Hast du *den Touristen den Weg* gezeigt? – Ja,

....

12. Hat *dein Lehrer* dir *die Aufgabe* nochmals erklärt? – Ja,

....

13. Hast du *deinen Eltern deinen Freund* schon vorgestellt? –

Nein, ...

14. Hat *dein Bruder* dir *das Fahrrad* repariert? – Ja,

....

15. Hat *die Firma* euch *die Ware* schon geliefert? – Nein,

....

16. Man hat *dem Mann die Einreise* verweigert.

....

17. Ich habe *meiner Freundin die Daten* geschickt.

....

18. Der Mann hat *dem Dieb die Beute* entrissen.

....

19. Der Junge hat *der alten Dame seinen Sitzplatz* angeboten.

....

20. Ich habe *meinen Freunden das freudige Ereignis* mitgeteilt.

....

21. Manuel hat *Carmen die Ehe* versprochen.

....

22. Raphael hat *Simon das Spielzeug* weggenommen.

....

23. Der Onkel hat *seinen Neffen sein ganzes Vermögen* vererbt.

....

24. Wegen guter Führung hat man *dem Häftling den Rest der Haftstrafe* erlassen.

....

25. Auch ich habe *meiner Mutter diese Frage* gestellt.

....

26. Ich habe *der Nachbarin den Rasen* gemäht.

....

4. Ergänzen Sie die fehlenden Reflexivpronomen:

1. Ich ruhe .... aus.
2. Hast du .... die Zähne geputzt?
3 .Schau .... im Spiegel an!
4. Wir haben .... für 5 Uhr verabredet.
5. Freust du .... über das Geschenk?
6. Ich muss .... beeilen.

7. Warum ärgerst du ....?
8. Ich creme.................. das Gesicht ein.
9. Martina hat .... in Elias verliebt.
10. Zieh .... ein neues Kleid an!
11. Habt ihr .... von Opa verabschiedet?
12. Wir sehen .... jeden Tag.
13. Alexander und Samuel kennen .... schon lange.
14. Trockne .... die Hände ab!
15. Papa hat .... noch nicht rasiert.
16. Morgen treffen wir .... bei Fatima.
17. Du musst ....bei deiner Lehrerin entschuldigen.
18. Gestern habe ich .... eine Bluse gekauft.
19. Du musst .... diesen Film unbedingt anschauen.
20. Der Student bereitet .... auf die Prüfung vor.
21. Schäm ....! So etwas tut man nicht!
22. Setzt .... auf die Bank!
23. Herr Müller, setzen Sie .... bitte!
24. Mach .... keine Sorgen!
25. Heute fühle ich.................. nicht wohl.
26. Ich habe .... letzte Woche den Arm gebrochen.
27. Wo habt ihr .... kennen gelernt?
28. Ich muss .... Notizen machen.
29. Die Touristen sonnen .... am Strand.
30. Mir tut der Rücken weh; ich kann .... nicht bücken.
31. Die Zahlen sprechen für ....
32. Mach .... nicht lächerlich!
33. Jeder denkt nur an ....
34. Dort haben wir .... zum ersten Mal geliebt.

35. Wann stellst du .... bei der Firma vor?
36. Das kann ich .... nicht vorstellen.
37. Es tut .... leid, Sie müssen .... noch ein wenig gedulden.
38. Ich habe .... noch nicht angeschnallt.
39. Ich fürchte, wir haben .... verlaufen.
40. Es lohnt ...., ... diese Mühe zu machen.
41. Ich werde .... um diese Stelle bewerben.
42. Habt ihr .... schon entschlossen, das Haus zu kaufen?
43. Hier ist nicht Firma Benzinger, Sie müssen .... verwählt haben.
44. Der Mann konnte .... nicht ausweisen.
45. Ich möchte .... ganz herzlich bei Ihnen bedanken.
46. Du hast .... gestern ganz schön blamiert.

5. Ergänzen Sie die passenden Pronominaladverbien*:

Beispiel: Ich war nicht *darauf* vorbereitet.

1. Ich interessiere mich nicht ....
2. Wir sind nicht .... zufrieden.
3. Meine Frau ist .... allergisch.
4. Er nimmt nicht .... teil.
5. Ich habe nicht .... gerechnet.
6. Sie ist nicht .... geeignet.
7. Ich bin .... sehr stolz.
8. Wir sind .... spezialisiert.
9. Mein Mann ist .... sehr beschlagen.
10. Diese Gegend ist .... berühmt.
11. Er ist nicht .... fähig.

12. Gute Kenntnisse sind .... unerlässlich.
13. Mehrere Abgeordnete sind .... verwickelt.
14. Ich war .... sehr beeindruckt.
15. Wir waren .... verärgert.
16. Ich fühle mich .... ausgeschlossen.
17. Sie ist nicht .... interessiert.
18. Wer ist .... verantwortlich?
19. Wir sind .... bereit.
20. Ich bin .... abhängig.
21. Wir sind nicht .... angewiesen.
22. Ich bin nicht .... einverstanden.
23. Meine Frau ist .... begeistert.
24. Ich bin .... vertraut.
25. Wir sind .... sehr dankbar.
26. Ich habe noch einmal .... nachgedacht.
27. Er kennt sich .... gut aus.
28. Wir sind .... befreit.
29. Ich bin .... fest entschlossen.
30. .... sind wir noch weit entfernt.
31. Ich habe .... große Angst.
32. Sie hat eine Abneigung ....
33. Wie hat sie .... reagiert?
34. Ich habe keine Lust ....
35. Es gibt Fisch. Was trinken wir am besten ....?
36. .... macht man Öl.
37. Wir haben zu viel Geld .... bezahlt.
38. Ich kann .... nichts anfangen.
39. Welche Lehre hast du .... gezogen?
40. Sie ist .... gestorben.

41. Migräne? Ich leide auch sehr ....
42. Das habe ich schon früher gesagt und ich bleibe ....
43. Ich habe mir ein neues Kleid gekauft. Wie sehe ich .... aus?
44. Nepotismus. Was versteht man ....?
45. Ich will mich .... nicht äußern.
46. Wir sind nicht .... überzeugt.
47. Er lässt sich nicht .... abbringen.
48. Ich habe mich .... entschuldigt.
49. Sie haben heftig .... gestritten.
50. Hast du ihm schon .... gratuliert?
51. .... haben wir uns distanziert.
52. Was hat er .... geantwortet?
53. Ich kann mich noch nicht .... entschließen.
54. .... können wir keine Rücksicht nehmen.
55. Sie wollten mich .... überreden.
56. Ich werde nicht .... verzichten.
57. Ich will mich nicht .... belasten.
58. Wie können wir uns .... befreien?
59. Ich habe ihn .... gebeten.
60. .... spielt man nicht.
61. Was hat ihn .... getrieben?
62. Wir hatten seinen Bruder .... gewarnt.
63. Ich kann mich nicht .... erinnern.
64. Viele haben .... beigetragen.
65. Ich lege großen Wert ....
66. Wer kümmert sich ....?
67. Meine Mutter war .... sehr böse.
68. .... habe ich mich sehr gewundert.

69. Er hat sich nicht mehr .... erholt.
70. .... bin ich ausgegangen.
71. Ich will mich nicht länger .... aufhalten.
72. Wir müssen uns .... konzentrieren.
73. Das wird sich negativ .... auswirken.
74. Das passt gut ....
75. Wir haben .... keine Mangel.
76. Das kann man nicht .... vergleichen.
77. .... geht es nicht.
78. Ich bestehe nicht ....
79. .... will er sich nicht abfinden.
80. .... kann eine Familie nicht leben.
81. .... sind wir vorbereitet.
82. .... verlasse ich mich nicht.

6. Ersetzen Sie die kursiv gedruckten Satzteile durch die entsprechenden Pronomen*:

1. Man muss sich *dieser Kinder* annehmen.

   ....

2. Das Parlament gedachte *des früheren Kanzlers.*

   ....

3. Erbarmt euch *dieser Menschen.*

   ....

4. Der Mann war *seiner Frau* überdrüssig geworden.

   ....

5. Der Junge schämte sich *seiner Eltern.*

   ....

6. Ich war mir sicher, *dass ich alle Fenster geschlossen hatte.*

   ....

Kapitel 9 Die Relativpronomen

1. Setzen Sie das passende Relativpronomen ein:

1. Er ist ein Mann, ... weiß, was er will.
2. Er ist ein Mann, ... alle Frauen lieben.
3. Gestern traf sie Andrea, ... sie seit Jahren nicht gesehen hatte.
4. Das Buch, ... ich gestern gekauft habe, ist sehr spannend.
5. Es gibt nicht viele Menschen, ... Träume in Erfüllung gehen.
6. Das ist ein Spiel, ... ich nicht verstehe.
7. Ich fahre zu einem Freund, ... ich in Holland kennen gelernt habe.
8. Eros Ramazzotti, ... Lieder sehr bekannt sind, wurde 1963 in Rom geboren.
9. Egoismus ist etwas, ... uns begrenzt.
10. Das ist etwas, ... ich nicht glaube.
11. Ich kenne eine Frau, ... in Peru gelebt hat.
12. Ich mag Leute, ... Humor haben.
13. .... mir an ihm gefällt, ist sein Humor.
14. Er hat auf meinen Brief nicht geantwortet, ... mich sehr erstaunt.
15. Frau Müller ist eine gute Lehrerin, ... ich viel verdanke.
16. Er sagte mir alles, ... er wusste.
17. .... hässlich ist, kann interessant sein.
18. .... das sagt, ist ein Lügner.
19. Das Erste, ... ich nach dem Aufstehen mache, ist duschen.
20. Ein Lehrer, ... keine Kinder mag, hat seinen Beruf verfehlt.

21. Adrian, ... Verlobte zum Studieren nach Amerika gegangen ist, ist sehr traurig.
22. Ich habe gehört, dass es ihm besser geht, ... mich sehr freut.
23. Das ist der Junge, ... ich bei den Hausaufgaben helfe.
24. Das ist Marcus, ... Vater ein kleines Hotel besitzt.
25. Mein Kollege ist jemand, ... ich vertraue.
26. Hast du die E-Mail erhalten, ... ich dir gestern geschickt habe?
27. Das ist nicht das, ... ich bestellt habe.
28. Kennst du den Mann, ... dort drüben an der Bushaltestelle steht?
29. Das sind die letzten Sätze, ... ich ins Englische übersetzen muss.
30. Das ist die Frau, ... mir Erste Hilfe geleistet hat.
31. .... zu spät kommt, den bestraft das Leben.
32. Das sind Leute, ... man nicht trauen kann.
33. .... sucht, der findet.
34. .... du brauchst, ist eine Luftveränderung.
35. Das ist der Kollege, ... ich gerufen habe.
36. Der Toaster, ... ich gestern gekauft habe, funktioniert nicht.
37. Mein Mann will mit dem Rauchen aufhören, ... nicht leicht ist.
38. Unsere Freunde, ... Tochter bei einem Verkehrsunfall ums Leben gekommen ist, haben wieder ein Mädchen bekommen.
39. Es handelt sich um ein Problem, ... nicht auf die leichte Schulter genommen werden darf.
40. Man muss mit dem zufrieden sein, ... man hat.
41. Wir suchen ein Zimmer, ... zum Hof gelegen ist.
42. .... stört, fliegt raus!

43. Es handelt sich um eine Krankheit, ... Ursache man noch nicht kennt.
44. Da gibt es einiges, ... mir nicht gefällt.
45. Die Frau, ... Hund ich ausführe, ist sehr großzügig.
46. Das ist eine Gefahr, ... ich mich nicht aussetzen will.
47. Es ist nicht alles Gold, ... glänzt.
48. Unsterbliche Künstler sind diejenigen, ... Werke der Nachwelt erhalten bleiben.
49. .... zuletzt lacht, lacht am besten.
50. .... die wirtschaftliche Lage angeht, so hat sich vieles gebessert.
51. Du hast mir sehr geholfen, ... mich außerordentlich gefreut hat.
52. Das war eine Versuchung, ... er nicht widerstehen konnte.
53. Das Mädchen, ... Eltern bei einem Verkehrsunfall ums Leben gekommen sind, lebt jetzt bei seiner Tante.
54. Das ist die Nummer, ... ich gewählt habe.
55. .... das interessiert, der soll sich melden.
56. Das Relativpronomen, ... du an dieser Stelle eingesetzt hat, passt nicht.

2. Ergänzen Sie die fehlenden Relativpronomen:

1. Die Stelle, um .... ich mich beworben habe, ist schon vergeben.
2. Das Mädchen, in .... ich mich verliebt habe, ist die Freundin meiner Schwester.
3. Das ist ein Erfolg, auf .... du stolz sein kannst.
4. Das ist jemand, vor .... du dich in Acht nehmen musst.
5. Das ist eine Äußerung, von .... ich mich distanziere.
6. Das ist eine Frage, auf .... ich keine Antwort weiß.

7. Das Turnier, an .... wir teilgenommen haben, war sehr gut organisiert.
8. Die Familie, bei .... ich untergebracht war, war sehr freundlich.
9. Morgen habe ich ein Vorstellungsgespräch, von .... sehr viel abhängt.
10. Das Dorf, aus .... ich komme, liegt im Schwarzwald.
11. Das ist das Buch, in .... ich dieses Zitat gelesen habe.
12. Das ist ein Projekt, für .... ich mich gerne engagiere.
13. Das ist ein Punkt, zu .... ich mich nicht äußern möchte.
14. Der Nachbar, in .... Haus eingebrochen worden war, war zu diesem Zeitpunkt auf Geschäftsreise.
15. Das ist ein Thema, mit .... ich mich schon lange beschäftige.
16. Das ist eine Reise, an .... wir uns gerne erinnern.
17. Das sind Annehmlichkeiten, auf .... ich nicht verzichten möchte.
18. Der Mann, neben .... ich während der Vorstellung saß, schnarchte.

3. Ergänzen Sie die Relativadverbien*:

1. Das ist etwas, ... ich nicht gerechnet hatte.
2. Das ist alles, ... ich mich erinnere.
3. Das ist etwas, ... er nichts versteht.
4. Das ist etwas, ... wir uns einsetzen.
5. Es gibt nichts, ... sie zufrieden ist.
6. Das ist etwas, ... ich sehr hänge.
7. Das ist alles, ... er sich interessiert.
8. Das ist etwas, ... ich nicht einverstanden bin.
9. Das ist alles, ... wir gesprochen haben.
10. Das ist etwas, ... ich nicht verzichten will.

11. Das ist das Einzige, ... wir uns unterscheiden.
12. Das ist etwas, ... wir abstimmen sollten.
13. Das ist das Letzte, ... ich Lust hätte.
14. Das ist etwas, ... ich mich gewöhnen muss.
15. Das ist nichts, ... wir träumen.
16. Das ist etwas, ... ich Ihnen abraten würde.
17. Das ist nichts, ... ich mich störe.
18. Das ist nichts, ... wir streiten sollten.
19. Das ist alles, ... ich Sie bitten möchte.
20. Das ist etwas, ... ich mich beschweren werde.
21. Das ist das Erste, ... ich mich beschäftigt habe.
22. Es gibt etwas, ... ich Sie in Kenntnis setzen möchte.
23. Das ist etwas, ... sie sehr stolz ist.
24. Das war etwas, ... ich mich sehr geärgert habe.
25. Das ist etwas, ... er sehr leidet.

4. Setzen Sie das passende Relativpronomen + Präposition ein*:

1. Die Mittel, ... wir verfügen, sind beschränkt.
2. Wie heißt der junge Mann, ... du gestern Abend getanzt hast?
3. Die Gegend, ... wir wohnen, ist sehr schön.
4. Die erste Frau, ... er verheiratet war, ist vor zehn Jahren gestorben.
5. Das sind Regeln, ... wir uns halten müssen.
6. Das ist ein Buch, ... es um Wirtschaftskriminalität geht.
7. In dem Jahr, ... ich geboren wurde, starb mein Großvater.
8. Das ist ein Ziel, ... ich mich einsetze.

9. Das Flugzeug, ... wir ankamen, hatte über eine Stunde Verspätung.
10. Es gibt mehrere Faktoren, ... meine Entscheidung abhängt.
11. Ich habe eine Putzfrau gefunden, ... ich mich verlassen kann.
12. Der Fortbildungskurs, ... ich teilgenommen habe, war sehr interessant.
13. Das ist ein Werk, ... ich seit fünf Jahren arbeite.
14. Heute habe ich das Buch gekauft, ... wir gestern gesprochen haben.
15. Fußball ist ein Sport, ... ich mich nicht interessiere.
16. Das ist ein Vorbild, ... du dich orientieren kannst.
17. Maribel ist ein Mädchen, ... man nicht diskutieren kann.
18. Das ist der unfreundliche Kellner, ... ich mich beschwert habe.
19. Es sind Dinge, ... ich nicht verzichten will.
20. Das ist ein Erfolg, ... ich dir herzlich gratuliere.
21. Warum willst du mir nicht den Namen der Person sagen, ... du gerade telefoniert hast?
22. Die Firma, ... wir zusammenarbeiten, hat ihren Sitz in London.
23. Es war der Tag, ...wir uns kennen lernten.
24. Das ist eine Leistung, ... er sehr stolz ist.
25. Das ist eine Entscheidung, ... ich mich nicht abfinden werde.
26. Der Freund, ... ich ausgehe, heißt Luca.
27. Das ist eine Zeit, ... ich gern zurückdenke.
28. Wir waren in einem Restaurant, ... alles sehr teuer war.
29. Das ist eine neue Erfahrung, ... wir alle profitiert haben.

30. Mitten im Raum stand ein Tisch, ... ein großer Hund lag.
31. Das sind Dinge, ... man besser nicht spricht.
32. Die CD, ... Sie gefragt haben, ist nicht mehr erhältlich.
33. Das ist eine Methode, ... man zur Not zurückgreifen kann.
34. Die Angelegenheit, ... du gerade angespielt hast, beschäftigt mich seit langem.
35. Das ist das Ersatzteil, ... die Maschine nicht funktioniert.
36. Erzähl uns von den Ländern, ... du gelebt hast.
37. Das ist ein Problem, ... man sofort eine Lösung finden muss.
38. Das ist das Mädchen, ... ich dir erzählt habe.
39. Das ist eine Frage, ... ich noch nachdenken muss.
40. Das Mädchen, ... ich mich verliebt habe, heißt Carmen.
41. Der Mann, ... sie zusammenlebt, ist Italiener.
42. Die Firma, ... unser Sohn arbeitet, hat 200 Arbeiter entlassen.
43. Das Haus, ... wir uns interessieren, ist sehr teuer.
44. Das sind Dinge, ... wir verantwortlich sind.
45. Das Kloster, ... Bibliothek sich Bände von unschätzbarem Wert befinden, wurde gegen Ende des 13. Jahrhunderts erbaut.
46. Die Agentur, ... ich mich gewandt habe, scheint seriös zu sein.
47. Das ist ein Vorschlag, ... ich völlig einverstanden bin.
48. Das Hotel, ... Nähe wir wohnen, hat einen guten Ruf.
49. Das ist der Herr, ... Hilfe ich diesen Arbeitsplatz nicht bekommen hätte.

50. Ich suche eine Putzfrau, ... ich mich verlassen kann.

51. Der Mann, ... ich im Kino saß, roch fürchterlich nach Schweiß.

52. Das ist eine Nachzahlung, ... ich nicht gerechnet hatte.

53. Ich hatte für die beiden Fächer, ... ich durchgefallen bin, nicht genug gelernt.

54. Wir wollen keine Gesellschaft, ... der Staat alles regelt.

55. Ich habe zwei Töchter, ... jede drei Kinder hat.

56. Herr Meier hat sich nicht mehr gemeldet, ... ich schließe, dass er an dem Projekt nicht mitarbeiten will.

57. Das ist ein Preis, ... mein Sohn sich sehr gefreut hat.

58. Das ist ein Vorfall, ... ich mich noch erinnern kann.

59. Das ist eine schwierige Übersetzung, ... ich bestimmt einen ganzen Tag brauche.

60. Es ist seine Dreistigkeit, ... ich mich am meisten aufrege.

61. Das ist ein Angestellter, ... die Firma nicht das wäre, was sie heute ist.

62. Ich habe dir ein Geschenk mitgebracht, ... ich hoffe, dass es dir gefällt.

63. Das ist ein Ergebnis, ... wir zufrieden sein können.

64. Ärzte sind Menschen, ... man annimmt, dass sie über die Gefährlichkeit des Rauchens Bescheid wissen.

65. Das ist ein Gebiet, ... ich mich nicht auskenne.

66. Ist das der einzige Beweis, ... sich die Anklageschrift gründet?

67. Der Autor, ... Artikel ich mich beziehe, lebt in der Schweiz.

68. Das sind Dinge, ... ich mich inzwischen gewöhnt habe.

69. An unserer Schule haben wir Schüler, ... etwa 20% einen Migrationshintergrund haben.

70. Es gibt Zeiten, ... alles schief läuft.

71. Die Stadt, ... er kommt, wurde während des Bürgerkriegs fast völlig zerstört.

72. Das ist eine Reise, ... ich mich schon seit langem freue.

73. Mein Mann hat eine schwere Operation hinter sich, ... er sich jetzt erholen muss.

74. Das ist ein Thema, ... sie sich lange aufgehalten haben.

75. Es war der Gang, ... ich ihn erkannt habe.

76. Der Mann, ... sie sich getrennt hat, war Alkoholiker.

77. Das ist eine Fähigkeit, ... ich meine Schwester beneide.

78. Herr Müller ist der Lehrer, ... ich am meisten gelernt habe.

79. Das ist eine Stelle, ... ich mich bewerben werde.

80. Das ist ein Gerät, ... ich mich nicht auskenne.

81. Die Party, ... ich eingeladen war, fand nicht statt.

82. Der Kompromiss, ... sich die Parteien geeinigt haben, ist meiner Meinung nach fair.

83. Das ist ein Thema, ... ich mich nicht äußern möchte.

84. Das ist die Stufe, ... ich gestolpert bin.

85. Meine Mutter, ... ich ein gutes Verhältnis habe, besuche ich mindestens einmal pro Woche.

86. Das waren alles Straßen, ... die meisten in sehr schlechtem Zustand waren.

87. Mir missfällt die Arroganz, ... unser Chef uns behandelt.

88. Das ist die Frage, ... sich alles dreht.

89. Die Dame, ... ich zur Untermiete wohne, ist sehr freundlich.

90. Das ist eine Reise, ... wir schon lange sparen.

91. Das ist ein Sport, ... ich mich nicht begeistern kann.

92. Das ist eine Angelegenheit, ... ich mich nicht einmischen möchte.

93. Das ist ein Laster, ... er einfach nicht loskommt.

5. Verbinden Sie die Sätze mit einem Relativpronomen:

1. Peter arbeitet als Krankenpfleger. Er hat mir das Leben gerettet.

   ....

   ....

2. Robert ist ein Freund. Ich kann mich immer auf Robert verlassen.

   ....

   ....

3. Das ist ein Problem. Man muss für dieses Problem sofort eine Lösung finden.

   ....

   ....

4. Ein Auto stand am Straßenrand. Die Räder des Autos waren abmontiert.

   ....

   ....

5. Ich habe einen Freund. Der Vater meines Freundes ist bei der Polizei.

   ....

   ....

6. Mein Freund bewundert Frau Rossi. Das überrascht mich.

   ....

7. Die Frau war nicht da. Ich wollte gestern mit der Frau sprechen.

   ....

   ....

8. Die Firma ist insolvent. Mein Vater arbeitet schon seit 1990 bei der Firma.

   ....

   ....

9. Wir wohnten in einem Hotel. Das Hotel war sehr schön.

   ....

10. Einige Menschen unternehmen lange Reisen. Sie werden sich ihr ganzes Leben an diese Reisen erinnern.

    ....

    ....

11. Das ist mein neues Buch. Ich arbeite schon zwei Jahre daran.

    ....

    ....

12. Ein Junge wurde bei dem Verkehrsunfall verletzt. Er liegt immer noch im Krankenhaus.

    ....

    ....

13. Das Mädchen ist versetzt worden. Ich habe ihm Nachhilfestunden gegeben.

    ....

    ....

Kapitel 10 Das Adjektiv

1. Wie lautet der Plural?

der alte Mann	
die gute Freundin	
das brave Kind	
das kleine Mädchen	
das schlechte Ergebnis	
der ältere Bruder	
die jüngere Schwester	
ein freundlicher Mensch	
der starke Schmerz	
das hohe Haus	
die frühere Generation	
ein großes Problem	
ein kluger Kopf	
das offene Fenster	
das kaputte Handy	
ein schönes Gefühl	
der schwere Koffer	
das betroffene Gebiet	
die richtige Lösung	
die faule Kartoffel	
ein frisches Brötchen	
der neue Computer	
der volle Aschenbecher	
ein schwieriger Fall	
ein komfortables Hotel	

der breite Schrank	
ein japanischer Tourist	
ein langer Rock	
der nervöse Vater	
ein fleißiger Junge	
ein interessantes Buch	
eine kostbare Uhr	
ein korrekter Satz	
ein schnelles Auto	
ein malerisches Dorf	
ein bequemer Stuhl	
das dicke Brett	
ein altes Kloster	
der letzte Band	
eine reife Frucht	
ein herrlicher Blumenstrauß	
ein schönes Fresko	
ein heikles Thema	
das volle Stadion	
eine europäische Firma	
eine leckere Pizza	
ein dickes Album	
eine englische Band	
ein großes Territorium	
das alte Gebäude	
ein schneller Wagen	
ein seltenes Hobby	
ein berühmtes Museum	

ein rotes Band	
eines kleinen Mädchens	
einem tiefen Graben	
eines vollen Tellers	
einem hohen Haus	
einer kleinen Schüssel	
ein gepflasterter Weg	
wegen eines schweren Fehlers	
auf einer großen Insel	
mit Hilfe einer guten Freundin	
meines ehemaligen Lehrers	
in einer kleinen Flasche	
auf einem großen Schiff	
wegen des hohen Preises	
in einem dunklen Raum	
auf einer riesigen Wiese	
in einem ähnlichen Fall	

2. Wie lautet der Singular?

nette Kinder	
teure Spieler	
freundliche Verkäuferinnen	
die großen Probleme	
die breiten Straßen	
hilfsbereiten Menschen	
lustige Clowns	
guten Lehrerinnen	

befreundeter Länder	
zuverlässige Freunde	
die spannenden Krimis	
den griechischen Mädchen	
der schönen Frauen	
neuer Hotels	
alten Bäumen	
gefährliche Viren	
guter Lehrer	
leckeren Pizzas	
den kulturellen Zentren	
ausreichende Indizien	
freundlichen Schülern	
unverschämte Kunden	
gepflegter Gärten	

3. Ergänzen Sie die fehlenden Endungen:

1. Das ist ein groß......... Problem.
2. Das ist das neu......... Auto mein... Vater...
3. Der Käufer ist mit den neu......... Preis... unzufrieden.
4. Wo hast du dieses gut......... Brot gekauft?
5. Dieses Produkt ist von sehr gut......... Qualität.
6. Jetzt übt er ein neu......... Amt aus.
7. Der Weinhandel hat in den letzt... Jahren zugenommen.
8. Das ist eine ermüdend......... Arbeit.
9. Wann ist die schriftlich......... Prüfung?
10. Ich muss mich auf die mündlich...... Prüfung vorbereiten.
11. Leer bitte den voll......... Aschenbecher aus.

12. Gestern habe ich einen spannend......... Kriminalroman gelesen.
13. Wir essen jeden Tag frisch......... Obst.
14. Es ist besser, dieses Gericht in einem tief......... Teller zu servieren
15. Ich nehme noch etwas von dem gemischt......... Salat.
16. Ein Brötchen mit gekocht......... Schinken, bitte!
17. Dort gibt es hervorragend......... Nudelgerichte.
18. Das ist ein ausgezeichnet .... Wein.
19. Dieses Geschenk ist für dein......... älter......... Bruder.
20. Ich mag gegrillt......... Fisch.
21. Wie viel hast du für dies......... schön......... Kleid bezahlt?
22. Außer dies......... blau......... Rock habe ich noch ein......... gelb......... Bluse gekauft.
23. Wegen des schlecht......... Wetters bleiben wir zu Hause.
24. Ich habe ein weiß......... Hemd angezogen.
25. Ich wohne in dies......... hoh......... Haus.
26. Das ist ein schön.......... Park.
27. Bei diesem schlecht.......... Wetter gehe ich nicht aus dem Haus.
28. Zu Weihnachten habe ich ein teur.......... Fahrrad bekommen.
29. Gestern habe ich mit meinem italienisch.......... Freund Tennis gespielt.
30. Dein Vater ist wirklich ein sympathisch.......... Mensch.
31. Das ist ein gefährlich.......... Virus.
32. Mein Cousin liebt schnell.......... Autos.
33. Frisch.......... Brot schmeckt mir.
34. Gegenseitig.......... Respekt ist wichtig.
35. Jetzt wäre ein kühl.......... Bier gut.

4. Ergänzen Sie die fehlenden Endungen*:

1. Mein Freund hat eine luxu.................... Wohnung.
2. Sogar die Wasserhähne sind aus massi.............. Gold.
3. Italienisch ist eine roman.................... Sprache.
4. Das sind die katastroph.................... Folgen der Krise.
5. Eva hat ein fotog.................... Gesicht.
6. Das ist in meinen Augen eine kontraprodu.............. Werbung.
7. Das ist ein sehr risk.................... Unternehmen.
8. „Zischen" ist ein onomatopoe.................... Wort.
9. Das Schloss ist wirklich impo....................

5. Ergänzen Sie mit Adjektiven auf *-bar* und *-lich:**

1. Ein .... Wunsch ist ein Wunsch, den man nicht erfüllen kann.
2. Ein .... Ziel ist ein Ziel, das man erreichen kann.
3. Eine .... Mannschaft ist eine Mannschaft, die man nicht besiegen kann
4. Eine .... Unterschrift ist eine Unterschrift, die man lesen kann.
5. .... Schwierigkeiten sind Schwierigkeiten, die man nicht überwinden kann.
6. Eine .... Krankheit ist eine Krankheit, die man nicht heilen kann.
7. Ein .... Optimismus ist ein Optimismus, den man nicht erschüttern kann.
8. .... Gründe sind Gründe, die man nicht erklären kann.
9. Ein .... Pilz ist ein Pilz, den man essen kann.

10. Ein .... Tumor ist ein Tumor, den man nicht operieren kann.

11. Eine .... Tür ist eine Tür, die man abschließen kann.

12. Ein .... Glück ist ein Glück, das man nicht beschreiben kann.

13. .... Schwierigkeiten sind Schwierigkeiten, die sich nicht vorhersehen lassen.

14. Eine .... Katastrophe ist eine Katastrophe, die man nicht vermeiden kann.

15. Ein .... Verlangen ist ein Verlangen, das nicht gestillt werden kann.

16. Ein .... Verhalten ist ein Verhalten, das man nicht akzeptieren kann.

17. .... Schmerzen sind Schmerzen, die man sich nicht vorstellen kann.

18. .... Fakten sind Fakten, die man nicht widerlegen kann.

19. .... Speisen sind Speisen, die man nicht vertragen kann.

20. .... Worte sind Worte, die man nicht deutlich verstehen kann.

21. Ein ....Fehler ist ein Fehler, den man nicht vorhersehen kann.

22. Eine .... Aufgabe ist eine Aufgabe, die man lösen kann.

23. Ein gut .... Text ist ein Text, den man gut lesen kann.

24. Eine .... Tatsache ist eine Tatsache, die man nicht bestreiten kann.

25. Ein .... Ball ist ein Ball, den man nicht halten kann

26. Ein .... Satz ist ein Satz, den man nicht übersetzen kann.

27. Ein .... Projekt ist ein Projekt, das man nicht durchführen kann.
28. Ein .... Mensch ist ein Mensch, der sich nicht belehren lässt.
29. Ein .... Optimismus ist ein Optimismus, den nichts erschüttern kann.

6. Größer, weiter, besser

1. Bernd ist schon intelligent, aber sein Bruder ist noch ....
2. Der Koffer meines Bruders ist .... (schwer) als deiner.
3. Es ist .... (leicht) auszugeben als zu sparen.
4. Er hat .... (viel) Glück als Verstand.
5. Je .... (hoch) das Bruttosozialprodukt ist, desto .... (reich) ist ein Land.
6. Wir haben das .... (klein) Übel gewählt.
7. Der .... (schwierig) Weg kann der .... (gut) sein.
8. Der .... (klug) gibt nach.
9. Vier Augen sehen .... (viel) als zwei.
10. Viele verlassen ihr Land auf der Suche nach einem .... (gut) Leben.
11. Der Rhein ist .... (lang) als die Elbe.
12. Dieser Raum ist .... (dunkel) als der andere.
13. Je .... (wenig) Kinder geboren werden, desto .... (viel) Probleme hat der Staat.
14. Dieses Bett hier ist .... (schmal) als das dort.
15. Ich gehe .... (gern) ins Theater als ins Kino.
16. Kein .... (gering) als Goethe hat das gesagt.
17. Du bist .... (päpstlich) als der Papst.
18. Mein .... (jung) Bruder spielt Tennis.

19. Meine .... (alt) Schwester reitet.
20. Ich wünsche mir eine .... (komfortabel) Wohnung.

7. Größte, weiteste, beste

1. Das ist der .... (gut) Wein, den ich je getrunken habe.
2. Bei der .... (gering) Anstrengung kommt mein Mann außer Atem.
3. Selbst bei ....(groß) Vorsicht kann es passieren,dass etwas kaputt geht.
4. Welches ist der .... (hoch) Berg der Welt?
5. Welches ist die .... (kurz) Sprintstrecke?
6. Das kommt in den .... (gut) Familien vor.
7. Das war die .... (schlecht) Entscheidung, die sie treffen konnten.
8. Bei diesem Turnier waren sie die .... (stark) Mannschaft.
9. Das ist nicht gerade die .... (gesund) Lebensweise.
10. Das ist das .... (dumm), was sie tun konnten.
11. Der .... (lang) Fluss der Welt ist der Nil.
12. Der Eiffelturm ist eines der .... (viel) besuchten Bauwerke der Welt.
13. Der .... (erholsam) Schlaf ist der vor Mitternacht.
14. Sie hatten nicht die .... (gering) Chance zu siegen.
15. Das ist der .... (alt) Teil des Schlosses.
16. Das war die .... (groß) Dummheit meines Lebens.
17. Wo ist die .... (nah) Bushaltestelle?

18. Meine .... (jung) Schwester studiert Biologie.
19. Das denken die .... (viel) Deutschen.
20. Zoe ist das .... (brav) Kind der Gruppe.
21. Das ist die .... (klug) Entscheidung, die dein Bruder treffen konnte.
22. Frau Kiefer hat die .... (weiß) Wäsche.
23. Das war das .... (schlimm), was mir passieren konnte.
24. Das ist die .... (ausführlich) Grammatik, die ich kenne.
25. Das ist der .... (spannend) Krimi, den ich seit langem gelesen habe.
26. Sven ist der .... (hilfsbereit) Mensch, den ich kenne.
27. Das ist das .... (preiswert) Gerät, das ich finden konnte.
28. Die ....(viel) meiner Kollegen sehen das auch so.
29. Das war die .... (groß) Enttäuschung meines Lebens.
30. Sie geht dem .... (alt) Gewerbe der Welt nach.
31. Ich habe nicht die .... (gering) Ahnung.
32. Er ist auf dem .... (gut) Weg, kriminell zu werden.
33. Mein Orientierungssinn ist nicht der .... (gut).
34. Das war der .... (schwarz) Tag in seinem Leben.
35. So ist es, im .... (wahr) Sinn des Wortes
36. Wir haben unser .... (gut) gegeben.
37. Das wäre das .... (gering) gewesen.
38. Unser Opa erfreut sich noch .... (gut) Gesundheit.
39. Das hier ist die .... (schmal) Stelle.
40. Der August war der .... (heiß) Monat.

41. Das denken die .... (viel) Deutschen.
42. Das kann ich beim .... (gut) Willen nicht machen.
43. Das war die seit langem .... (schwach) Leistung.
44. In meiner Klasse bin ich der .... (jung).
45. In der Toskana hatten wir .... (herrlich) Wetter.
46. Sie ist eine der .... (sympathisch) Menschen, die ich kenne.
47. Trotz .... (widrig) Umstände konnte das Projekt realisiert werden.
48. Er ist nicht gerade einer der .... (klug).
49. Davon hat sie nicht die .... (blass) Ahnung.
50. Das war .... (gut) Tennis.
51. Das ist das .... (hoch) der Gefühle.
52. Man muss mit dem .... (schlimm) rechnen.
53. Das war die .... (schlecht) Lösung.
54. Peter, du .... (arm), was ist passiert?
55. Mein Kollege geht immer den Weg des .... (gering) Widerstandes.
56. Die .... (stark) Regenfälle gab es in Bayern.
57. Unser Chef lobte ihn in den .... (hoch) Tönen.
58. In den .... (viel) Fällen verhalten sich die Versicherungen so.
59. Der Vorgesetzte stellt .... (hoch) Ansprüche an seine Mitarbeiter.
60. Er ist auf dem .... (gut) Wege, drogenabhängig zu werden.
61. Das ist .... (unter-) Niveau.
62. Das war mein .... (groß) Fehler.

8. Was passt zusammen*?

1. feder	2. pott	3. bettel
4. blei	5. herzens	6. kern
7. spindel	8. splitter	9. bienen
10. pech	11. stock	12. bären
13. sonnen	14. zucker	15. nagel
16. stein	17. feuer	18. proppen
19. riesen	20. pitsch	21. bild
22. bitter	23. tod	23. spiegel
24. winzig	25. schnee	
a. arm	b. neu	c. klar
d. dürr	e. taub	f. stark
g. schwarz	h. hässlich	i. süß
j. gesund	k. leicht	l. fleißig
m. schwer	n. gut	o. nackt
p. reich	q. rot	r. voll
s. groß	t. nass	u. hübsch
v. kalt	w. ernst	x. glatt
y. weiß	z. klein	

1. ...... 2. ...... 3. ...... 4. ...... 5. ...... 6. ...... 7. ...... 8. ......
9. ...... 10. ...... 11. ...... 12. ...... 13. ...... 14. ...... 15. ......
16. ...... 17. ...... 18. ...... 19. ...... 20. ...... 21. ...... 22. ......
23. ...... 24. ...... 25. ......

Kapitel 11 Das Verb

1. Ergänzen Sie die Verben im Präsens:

1. .... du mich morgen ? (besuchen)
2. Paul .... die Straßenbahn. (nehmen)
3. Papa .... gerade die Zeitung. (lesen)
4. Timo .... Mama im Garten. (helfen)
5. Was .... du zum Frühstück? (essen)
6. .... ihr mit uns ins Kino? (kommen).
7. .... du müde? (sein)
8. Das Tor .... nicht, es war Abseits. (gelten)
9. .... ihr Hunger (haben)?
10. Wann .... du Zeit? (haben)
11. Unser Sohn .... Lehrer. (werden)
12. Ich .... den Film sehen. (dürfen)
13. Was .... du von mir? (wollen)
14. Wer andern eine Grube........................,
    .... selbst hinein. (graben, fallen)
15. Wie viele Stunden .... du? (schlafen)
16. Das Eis .... schnell. (schmelzen)
17. .... du morgen Martin? (treffen)
18. Du .... zum Arzt gehen (müssen)
19. Was .... es zum Mittagessen? (geben)
20. .... ihr den Bus? (nehmen)
21. Meine Freundin .... fließend Spanisch (sprechen)
22. .... du mir helfen? (können)
23. Das .... ich nicht. (mögen)
24. Warum .... du das in den Müll? (werfen)

25. .... du einen Augenblick meine Tasche halten?
26. Meine Mutter .... sehr leicht. (erschrecken)
27. Bei diesem Nebel .... man keine fünf Meter. (sehen)
28. Mein Onkel .... sehr viel. (wissen)
29. Warum .... der Hund nichts? (fressen)
30. .... du schon, welche Straßenbahn kommt? (sehen)
31. Unser Sohn .... sich um eine Stelle als Mechatroniker. (bewerben)
32. In der letzten Zeit .... unser Mittelstürmer das Tor nicht mehr. (treffen)
33. Peters Onkel .... sehr reich sein. (sollen)
34. Der Fluss .... über die Ufer. (treten)
35. Der Arzt .... die Temperatur des Patienten. (messen)
36. Christoph .... uns immer zu seinem Geburtstag .... (einladen)
37. Das .... sich reparieren. (lassen)
38. Silvia .... viel lernen. (müssen)
39. .... du noch? (mögen)
40. .... ihr morgen Zeit? (haben)
41. Wo .... ihr? (sein)
42. Unkraut .... überall. (wachsen)
43. Der Apfel .... nicht weit vom Stamm. (fallen)
44. Peter .... die Kugel über 15 Meter. (stoßen)
45. Wer .... den Koffer? (tragen)
46. Der Politiker .... um die Gunst der Wähler (werben).
47. Ich glaube, sie .... (stehlen)
48. Die Mücke .... (stechen).

2. Ergänzen Sie die passende Form des Partizips:

1. Ich habe meine Hausaufgaben schon .... (machen).
2. Gestern haben wir Fußball .... (spielen).
3. Petra hat lange in Hamburg .... (wohnen).
4. Der Papa von Tobias hat drei Jahre in Spanien .... (arbeiten).
5. Meine Mama hat das Essen schon .... (kochen).
6. Meine Schwester hat den Tisch .... (decken).
7. Mein Onkel hat zehn Jahre in Brasilien .... (leben).
8. Ich habe eine Stunde auf Elena .... (warten).
9. Warum hast du .... (weinen)?
10. Die Schüler haben .... (lachen).
11. Was hat die Lehrerin .... (sagen) ?
12. Mama hat mich .... (trösten).
13. Hast du schon .... (frühstücken)?
14. Ich habe ein neues Wort .... (lernen).
15. Die Bluse hat 15 Euro .... (kosten).
16. Um wie viel Uhr bist du heute ....(aufstehen).?
17. Ich habe dich nicht .... (verstehen).
18. Habt ihr schon zu Mittag .... (essen)?.
19. Ich habe ein Glas Wasser .... (trinken).
20. Was habt ihr heute in der Schule .... (schreiben)?
21. Wir haben eine Geschichte .... (lesen).
22. Was hast du .... (sehen)?
23. Heute bin ich um 9 Uhr in die Schule .... (gehen).
24. Ich habe einen Euro .... (finden).
25. Wer hat Viktoria .... (abholen)?

26. Elena hat Silvia im Krankenhaus .... (besuchen).
27. Der Lehrer hat den Satz .... (korrigieren).
28. Wer hat das Essen .... (bezahlen) ?
29. Mein Bruder hat Physik .... (studieren).
30. Er hat einen schweren Koffer .... (tragen).
31. Mein Freund hat mir .... (verzeihen).
32. Ich habe ihm zu seinem Erfolg .... (gratulieren).
33. Ich habe mich an meinen Chef .... (wenden).
34. Wir haben schon .... (anfangen).
35. Der Junge ist auf den Baum ....(klettern).
36. Jemand hat mir mein Fahrrad .... (stehlen)
37. Ich habe mein Handy zu Hause .... (vergessen).
38. Warum hast du dich .... (genieren) ?
39. Ich glaube, sie hat ....(lügen).
40. Sven und Andreas sind schon nach Hause .... (gehen).
41. Ich habe meinen Fahrradschlüssel .... (verlieren).
42. Hast du dir die Hände .... (waschen) ?

3. Setzen Sie folgende Sätze ins Perfekt:

1. Meine Freunde halten sich längere Zeit in Brasilien auf.

   ....

2. Ich treffe mich jeden Mittwoch mit meiner Freundin.

   ....

3. Müllers ziehen um.

   ....

4. Leider gelingt es mir nicht.

   ....

5. Das Konzert gefällt mir.

....

6. Wir fliegen nach Brasilien.

....

7. Ich lese einen interessanten Roman.

....

8. Was tut ihr?

....

9. Ich sehe ihn immer donnerstags.

....

10. Wir bekommen jeden Monat einen Brief.

....

11. Der Vater schlägt einen Nagel in den Baum.

....

12. Warum rufst du mich nicht an?

....

13. Ich nehme immer den Zug.

....

14. Er stiehlt seinen Mitschülern Geld.

....

15. Warum sprechen die Eltern nicht mit dem Lehrer?

....

16. Ich weiß es nicht.

....

17. Es riecht angebrannt.

....

18. Sie bringen ihn ins Krankenhaus.

....

19. Er gibt mir das Geld immer zurück.

....

20. Warum schießen die Polizisten?

....

21. Das Konzert beginnt um 20 Uhr.

....

22. Er vergisst alles.

....

23. Warum bleiben sie zu Hause?

....

24. Wir sitzen auf der Terrasse.

....

25. Meine Freundin wird 30 Jahre alt.

....

26. Er schläft immer lange.

....

27. Ich kenne ihn nicht.

....

28. Wir stehen immer um 6 Uhr auf.

....

29. Mein Mann gibt sein ganzes Geld für Bücher aus.

....

30. Ich schließe die Haustür immer ab.

....

31. Warum lügst du mich an?

....

32. Ich schreibe ihm eine E-Mail.

....

33. Peter liegt im Bett.

....

34. Ich genieße das köstliche Essen.

....

35. Der Chef gibt ihm noch eine Chance.

....

36. Das klingt gut.

....

37. Tobias ist im Kino.

....

38. Meine Tante bringt mir immer etwas mit.

....

39. Meine Schwester bittet dich um einen Gefallen.

....

40. Wer gewinnt die Europameisterschaft?

....

41. Ich begreife das nicht.

....

42. Ich schlafe auf der neuen Matratze sehr gut.

....

43. Das will ich nicht.

....

44. Warum wirfst du das weg?

....

45. Meine Mama wird dieses Jahr fünfzig.

....

46. Der Junge steigt auf den Baum.

....

47. Mein Mann muss geschäftlich verreisen.

....

48. Er will es nicht glauben.

....

49. Wir können an dem Ausflug teilnehmen.

....

50. Viele Menschen sterben an dieser Krankheit.

....

51. Das Mädchen leidet unter der Scheidung der Eltern.

....

52. Der Angeklagte gibt nichts zu.

....

53. Tina darf nicht in die Disko.

....

54. Er sieht den Mann auf dem Boden liegen.

....

55. Er darf zur Strafe nicht fernsehen.

....

56. Während der Ferien höre ihn oft Klavier spielen.

....

57. Wir schwimmen um die Wette.

....

58. Ich laufe schnell zum Kiosk.

....

59. Der Nachbar lässt seinen Hund immer frei laufen.

....

60. Ich springe 5,20 m.

....

61. Er läuft zum ersten Mal den Marathon.

....

62. Sie schwimmen über den Rhein.

....

63. Das Kind springt plötzlich über die Straße,

....

64. Die Milch läuft über.

....

65. Ich kann mich nicht erinnern.

....

66. Der Mann niest dreimal.

....

67. Ich hänge die Jacke an den Kleiderhaken.

....

68. Christian wächst schnell.

....

69. Der Schnee schmilzt schnell.

....

70. Der Mantel hängt am Kleiderhaken.

....

71. Der Schiedsrichter pfeift die erste Halbzeit ab.

....

72. Der Junge schleicht sich vorsichtig aus dem Haus.

....

73. Ich hebe 150 Euro von meinem Konto ab.

....

74. Der Junge will seinen Fehler nicht einsehen.

....

75. Heute darf ich nicht ins Kino.

....

76. Die Kinder winken uns zum Abschied.

....

77. Die Schnur reißt.

....

4. Setzen Sie folgende Sätze ins Futur I:

1. Isst du diese Pizza?

....

2. Peter trifft sich mit Silvia.

....

3. Ihr seht ihn morgen.

....

4. Er gibt ihm das Geld.

....

5. Hilfst du deiner Mutter?

....

6. Liest du das Buch?

....

7. Bist du zu Hause?

....

8. Er vergisst es bestimmt.

....

9. Was rätst du deinem Sohn?

....

10. Er hat Hunger.

....

11. Sie ist enttäuscht.

....

12. Der Lehrer empfiehlt Petra einen Schulwechsel.

....

13. Das geschieht sicherlich.

....

5. Setzen Sie folgende Sätze ins Präteritum:

1. Seine Eltern sind nicht zu Hause.

....

2. Wir treffen uns immer donnerstags.

....

3. Ich lese abends meinem Sohn immer eine Geschichte vor.

....

4. Er kommt nie zu spät.

....

5. Onkel Peter bringt uns immer etwas mit.

....

6. Sie versprechen viel, aber sie halten wenig.

....

7. Wir haben große Angst.

....

8. Die Geschäfte laufen nicht gut.

....

9. Der alte Mann sitzt im Sessel und raucht.

....

10. Ich weiß, dass er mich anlügt.

....

11. Die Sonne scheint den ganzen Tag.

....

12. Dieser Versuch misslingt oft.

....

13. Ich laufe die 100 Meter in 12,4 Sekunden.

....

14. Mein Freund springt 6 Meter weit.

....

15. Er rennt wie ein Verrückter.

....

16. Das Unkraut in unserem Garten wächst sehr schnell.

....

17. Der Dieb steigt durch das Badfenster.

....

18. Der Mann verliert seinen ganzen Besitz.

....

19. Jetzt wiege ich 80 kg.
Damals .... ich 115 kg.

20. Ihr Mann trinkt zu viel.

....

21. Ich rate meinem Neffen, sein Studium fortzusetzen.

....

22. Sie hebt das Taschentuch auf.

....

23. Ich genieße die freie Zeit.

....

24. Der Angeklagte schweigt beharrlich.

....

25. Der Braten riecht angebrannt.

....

26. Der Hausmeister schließt die Eingangstür ab..

....

27. Der Schiedsrichter pfeift das Spiel pünktlich an.

....

28. Alle Schüler lesen diese Lektüre.

....

29. Der Unterricht beginnt immer um 8 Uhr.

....

30. Fremdsprachen liegen ihm nicht besonders.

....

31. Wir essen alles auf.

....

32. Das Theaterstück gefällt mir sehr gut.

....

33. Der Tyrann sinnt auf Rache.

....

34. Wir denken oft an ihn.

....

35. Meine Mutter erschrickt sehr leicht.

....

36. Der Verkäufer empfiehlt uns ein anderes Modell.

....

37. Die Schlange kriecht in das Gebüsch.

....

38. Dieses Viertel gilt als sehr gefährlich.

....

6. Ergänzen Sie das passende Tempus*:

1. Nachdem ich meine Hausaufgaben .... (machen), darf ich ins Schwimmbad gehen.
2. Nachdem ich meine Hausaufgaben .... (machen), durfte ich ins Schwimmbad gehen.
3. Nachdem die Unfallstelle .... (räumen), konnte der Verkehr wieder fließen.
4. Ich habe mich verrechnet, weil ich mich nicht .... (konzentrieren).
5. Nachdem ich zu Abend .... (essen), schaute ich noch ein wenig fern.
6. Er wurde entlassen, weil er .... (stehlen).
7. Da wir unsere Arbeit .... (beenden), gingen wir ein bisschen frische Luft schnappen.
8. Wir waren zu Hause, bevor es zu regnen .... (anfangen).
9. Nachdem der Versuch .... (scheitern), gaben sie den Plan auf.
10. Während wir Karten .... (spielen), ... (läuten) das Telefon).
11. Jedesmal wenn er zu viel .... (trinken), schlug er seine Frau.
12. Nachdem die Arbeit .... (tun), ruhe ich mich aus.
13. Da die Frau .... (vergessen), den Wasserhahn zuzudrehen, war bei ihrer Rückkehr die Küche überschwemmt.
14. Bevor es .... (regnen), bin ich zu Hause.
15. Wenige Wochen bevor er .... (sterben), änderte er das Testament.
16. Als ich es .... (merken), war es zu spät.

7. Setzen Sie folgenden Text in die Vergangenheit:

Ein Flugzeug .... (sein) auf dem Weg von Paris nach New York. Alles .... (scheinen) normal und ruhig zu sein, während das Flugzeug über das Meer .... (fliegen). Die Passagiere .... (lesen), ... (schlafen) oder .... (sprechen) mit ihren Sitznachbarn.

Plötzlich .... (leuchten) über der Kabine der Piloten ein rotes Licht auf. Die Stewardess .... (gehen) schnell in das Cockpit. Kurz danach .... (kommen) sie heraus, ... (wenden) sich an die Fluggäste und .... (fragen) sie: „........... (geben) es unter Ihnen jemanden, der an das ewige Leben .... (glauben)?“ Ein junger Mann mit Brille .... (antworten) sofort: „Ja, ich .... (glauben)“. „Hervorragend“, ... (erwidern) die Stewardess, „das Flugzeug .... (haben) einen Schaden, die Motoren .... (ausfallen), wir .... (abstürzen) und uns .... (fehlen) ein Fallschirm.“

8. Setzen Sie folgenden Text in die Vergangenheit:

Ein junger Angestellter .... (begehen) eines Nachts einen Raub, ohne es zu bemerken. Während des jüngsten Streiks der öffentlichen Verkehrsmittel .... (gehen) er von der Arbeit durch einen Park nach Hause. Es .... (sein) schon spät und er .... (sein) allein.

Auf halbem Weg .... (sehen) er jemanden, der ihm entgegen...........(kommen). Einen Augenblick .... (bekommen) er Angst. Er .... (gehen) zur Seite, um ihm aus dem Weg zu gehen, und der Unbekannte .... (machen) das Gleiche. Aber da beide auf die gleiche Seite .... (geraten), ... (stoßen) sie zusammen und .... (fallen) übereinander.

Wenig später .... (stellen) der Angeklagte fest, dass es sich bei dem Vorfall nicht um einen Zufall handeln .... (können), und .... (greifen) nach seiner Brieftasche. Sie .... (verschwinden)! Mit einem Wutausbruch .... (verfolgen) er den Taschendieb, ... (packen) ihn und .... (verlangen) seine Brieftasche. Der Mann .... (übergeben) sie ihm.

Als der junge Mann nach Hause .... (kommen), ... (sein) das Erste, was er .... (sehen), seine Brieftasche, die auf dem Bett .... (liegen)! Am Morgen .... der junge Mann seine Brieftasche auf dem Bett .... (liegen lassen) und .... sie dort .... (vergessen). Und so .... er einen Raub .... (begehen).

9. Setzen Sie folgenden Text in die Vergangenheit:

Der Mann am Fensterkreuz

Ein Mann lebt/........... seit Jahren mit seiner Frau friedlich zusammen – bis auf die regelmäßigen Auseinandersetzungen am Freitagabend. Denn an diesem Wochentag trinkt/...... er immer zu viel, was ihr gar nicht gefällt/........... Jedesmal gibt/........... es deshalb Streit, weil sie wegen dieser Unsitte ihres Mannes meckert/........... Eines Tages wird/........... ihm die Meckerei zu viel: Er legt/........... seine Papiere und

Brieftasche auf den Tisch und tut/........... so, als habe er sich am Fensterkreuz aufgehängt. Die Frau kommt/........... ins Zimmer, bekommt/........... einen Mordsschrecken und schreit/........... das ganze Haus zusammen. Eine Nachbarin kommt/..........., der sie sagt/...........: „Mein Mann hat sich aufgehängt, ich kann nicht mehr, sieh Du nach ihm, ruf den Krankenwagen an.“ Die Nachbarin ruft/........... den Krankenwagen, geht/........... ins Zimmer, sieht/........... den Mann am Fensterkreuz hängen, sieht/........... die Brieftasche auf dem Tisch und einen Hunderter, der daraus hervorschaut/ .... Den nimmt/........... sie erst einmal an sich, indem sie einen Blick auf den „Toten“ wirft/........... Der Mann am Fensterkreuz sieht/...........,was seine Nachbarin da treibt/..........., und droht/........... ihr mit dem Finger. Diese wird/........... starr vor Schreck, dass ihr der Erhängte gedroht hat/........... - und fällt/........... selbst tot um. Der Krankenwagen, den sie gerufen hat/..........., ist/........... jetzt für sie da.

(adaptiert nach: Rolf Wilhelm Brednich, *Das Huhn mit dem Gipsbein*, Beck'sche Reihe, München 1993)

10. Setzen Sie folgende Sätze ins Futur II:

1. Inzwischen .... die Gäste schon .... (ankommen).
2. Er .... die E-Mail schon .... (lesen)
3. Das Flugzeug .... schon .... (landen)

4. Maria .... ihren Irrtum inzwischen .... (einsehen).
5. Die Einbrecher .... hoffentlich nicht alle Wertsachen .... (finden).
6. Du .... dich an die neue Situation schon .... (gewöhnen).
7. Vermutlich .... ihm der Führerschein .... (entziehen).
8. .... ihr bis dahin euer Haus schon ganz .... (abbezahlen)?
9. Wann .... du dein Studium .... (abschließen)?
10. Inzwischen .... es auch die Dümmsten .... (begreifen).
11. Die Kinder .... Angst .... (haben).
12. Er .... es .... (sein).
13. Die Eltern .... es ihm .... (verbieten).
14. Die anderen .... schon nach Hause .... (gehen).
15. Müllers .... schon zu Abend .... (essen).
16. Bis dahin .... die Regierung das Problem .... (lösen).

11. Ergänzen Sie das passende Präfix:

1. Um wie viel Uhr stehst du ....?
2. Christina, räum dein Zimmer bitte ....
3. Ich hole dich um 15 Uhr ....
4. Ich sehe jeden Tag zwei Stunden ....
5. Thomas ruft mich um 19 Uhr ....
6. Der Zug fährt um 8 Uhr ....

7. Er kommt um 12 Uhr ....
8. Alle sind fertig. Jetzt räume ich den Tisch ....
9. Lest euch zuerst den ganzen Text ....
10. Pass das nächste Mal besser ....
11. Wir steigen an der nächsten Haltestelle ....
12. Unsere Firma stellt weitere Schreiner ....
13. Ich ziehe mich schnell .... Dann können wir gehen.
14. Komm bitte zu mir ....!
15. Leg das Messer bitte ....!
16. Warum regst du dich so ....?
17. Biete deinen Gästen etwas zu trinken ....
18. Nimm dem Kind die Schere ....!
19. Dreh dich bitte ....
20. Die Stimmung schlägt ....
21. Es nieselt. Nimm den Regenschirm ....!
22. Was hast du als Nächstes ....
23. An diese Zeiten denke ich gerne ....
24. Warum lehnst du das Angebot ....
25. Bring bitte den Müll ....
26. Atmen Sie zuerst tief ....!
27. Warum lässt du dich mit diesem Kerl ....?
28. Ich komme Ihnen mit dem Preis etwas ....
29. Achtung, die Milch kocht ....!
30. Die Straße fällt an dieser Stelle steil ....
31. Machen Sie bitte den Oberkörper frei, ich horche Sie jetzt ....
32. Das tu ich mir nicht ....
33. Viele fallen bei dieser Prüfung ....
34. Misch dich bitte nicht ....!

35. Gib nicht ....! Halte ....!
36. Alle Indizien deuten darauf ...., dass er der Mörder ist.
37. Das läuft auf das Gleiche ....
38. Ich komme mit dieser Aufgabe nicht ....
39. Verschwinde! Hau ....!
40. Morgen hört uns der Lehrer die Vokabeln ....
41. Hör mir bitte einmal ....!
42. Nein, das lasse ich nicht ....!
43. Ziehen Sie am besten einen Experten ....
44. Ich weise Sie auf folgende Veränderung ....
45. Fügen Sie dem Originaltext eine Übersetzung ....
46. Hört endlich mit diesen Streitereien ....!
47. Eben hebt das Flugzeug ....
48. Auf 10 Euro kommt es mir nicht ....
49. Leider hatte ich meinen Führerschein nicht ....
50. Bring bitte noch ein Pfund Kaffee ....

12. Formen Sie folgende Sätze um:

Beispiel: Dieses Problem kann leicht gelöst werden. >
Dieses Problem kann man leicht lösen.

1. Dieser Witz kann nicht übersetzt werden.

   ....

2. Diese Tatsache kann nicht bestritten werden.

   ....

3. Diese Schwierigkeiten können nur schwer überwunden werden.

   ....

4. Dieser Wunsch kann nicht erfüllt werden.

   ....

5. Diese Schäden können nicht repariert werden.

   ....

6. Diese Jugendlichen können nur schwer integriert werden.

   ....

7. Dieses Ziel kann erreicht werden.

   ....

8. Diese Reise kann ab sofort gebucht werden.

   ....

9. Solche Gefahren können leicht vermieden werden.

   ....

10. Die Täter konnten schnell gefasst werden.

    ....

11. Endlich konnte der Fehler gefunden werden.

    ....

12. Das hätte auch anders gemacht werden können.

    ....

13. Er konnte nicht des Mordes überführt werden.

    ....

13. Formen Sie folgende Sätze um:

Beispiel: Dieses Problem kann leicht gelöst werden. >
Dieses Problem lässt sich leicht lösen.

1. Dieser Fehler kann nicht mehr korrigiert werden..

   ....

2. Dieses Projekt kann nicht durchgeführt werden..

   ....

3. Das Feuer konnte schnell gelöscht werden.

   ....

4. Das Fenster kann nicht mehr geöffnet werden.

....

5. Dieser Schaden kann leicht behoben werden.

....

6. Der Mantel kann problemlos umgearbeitet werden.

....

7. Das kann geändert werden.

....

8. Dieser Fleck kann leicht entfernt werden.

....

9. Die Fälschung konnte leicht nachgewiesen werden.

....

10. Das kann noch gemacht werden.

....

11. In so kurzer Zeit kann die zerstörte Stadt nicht wieder aufgebaut werden.

....

14. Ergänzen Sie ein passendes Modalverb*:

1. Das sind Dinge, die ein Kind nicht verstehen ....
2. .... euch nicht stören!
3. Ich weiß nicht, wie ich mich in dieser Angelegenheit verhalten ....
4. Sie .... als Kind sehr schön gewesen sein.
5. Geh und .... dir die Haare schneiden.
6. Es war mir übel. Ich .... mich übergeben.
7. Was .... du einmal werden?
8. Wer etwas zu sagen hat, ... die Hand heben.

9. .... ihr euch nur standesamtlich trauen lassen?
10. Ein Exhibitionist .... sich in der Nähe des Bahnhofs herumtreiben.
11. Ich .... Sie von Herrn Kindermann grüßen.
12. Sein Verhalten .... zu wünschen übrig.
13. Ich .... so etwas gesagt haben?
14. Wie .... man nur so dumm sein?
15. .... du Gitarre spielen?
16. Du .... nicht töten.
17. Wie .... du damals nur so etwas machen?
18. Woher .... ich das wissen?
19. Leider .... ich nicht zur Hochzeit kommen.
20. Er schrie, so laut er ....
21. .... ich Ihnen aus dem Mantel helfen?
22. Du .... dir vorstellen, wie wütend ich war.
23. Man .... nie wissen.
24. Du hattest das Licht brennen ....
25. So .... man sich täuschen!
26. Leider habe ich nicht dorthin gehen ....
27. Ich bin mir sicher. Er .... das gewusst haben.
28. Bei Rot .... man halten
29. Warum .... ihr euch immer streiten?
30. Er .... sagen, was er will, ich glaube ihm nicht.
31. Was .... ich da hören?
32. Und das .... Kunst sein?
33. Wir hätten früher tanken ....
34. Warum haben sie sich scheiden ....?
35. Sag ihm bitte, er .... auf mich warten.

36. Wir .... Ihnen leider mitteilen, dass wir keine freien Zimmer mehr haben.

37. Dieses Buch .... ausländischen Studierenden einen Zugang zur zeitgenössischen deutschen Literatur bieten.

38. Ich .... gerade weggehen, als das Telefon läutete.

39. Ich habe alles versucht, aber das Fenster .... nicht zugehen.

40. Wo .... ich die Gläser hinstellen?

41. Ich .... mich nicht mehr an seine Adresse erinnern.

42. Drei Personen .... bei dem Unfall verletzt.

43. Der .... sich zum Teufel scheren!

44. Das glaube ich nicht. Das .... nicht sein.

45. .... dich jemand fragen, so tu, als wüsstest du nichts davon.

46. Herr Becker, Sie .... zum Chef kommen.

47. Hier .... nächstes Jahr ein neues Gemeindezentrum entstehen.

48. Ihr Mann .... immer meckern.

49. Ihr ehemaliger Verlobter ....sich erhängt haben.

50. Die Hemden .... sich besser bügeln, wenn du sie vorher ein wenig einsprengst.

51. Ich .... dich um etwas bitten.

52. Delia .... heute nicht in die Disko gehen. Ihre Eltern haben es ihr verboten.

53. Bei deiner Erkältung .... du besser zu Hause bleiben.

54. Ich .... einfach lachen, wenn ich ihn sehe.

55. Das .... niemand zu wissen.

56. Man .... nicht den Mut verlieren.

57. Sie wird sich damit abfinden ....
58. Sein Onkel nahm an einer Expedition nach Brasilien teil, von der er nicht mehr zurückkehren ....
59. Der Junge .... den Dieb gesehen haben.
60. Ich .... gerade das Gleiche sagen.
61. Die Handwerker .... um 9 Uhr kommen, aber jetzt ist es schon 11 Uhr und sie sind immer noch nicht da.
62. Ich .... niesen.
63. Darauf .... es mir nicht ankommen!
64. So etwas .... sich nicht erzwingen.
65. Entschuldigung, dass ich Sie so lange habe warten ....
66. Du .... nicht gleich zu weinen.
67. .... ich Sie etwas fragen?
68. Hier .... man nicht rauchen.
69. Das .... jedem passieren.
70. Diese Bemerkung hätte er sich ersparen ....
71. Ich .... mir diese Vokabeln einfach nicht merken.
72. Man .... verlieren ....
73. Ich .... mir nicht erklären, wie das passieren ....
74. Dieser Stoff .... sich gut waschen.
75. .... dich nicht von ihm überreden.
76. Er .... ein guter Wissenschaftler sein, aber für den Arztberuf halte ich ihn nicht für geeignet.
77. Du wirst dich beeilen ...., wenn du die Ausstellung sehen willst.
78. Mein Mann fragt mich immer, was er anziehen ....
79. Sie .... sich verwählt haben.
80. Ich .... meinen Pass verlängern ....

81. .... du sie sehen, so sag ihr, dass sie sich keine Sorgen zu machen ....

82. Der Beamte .... 200.000 Euro unterschlagen haben.

83. .... du mich auf den Arm nehmen?

84. Sein Onkel erlitt einen Schlaganfall, von dem er sich nicht mehr erholen ....

85. Das .... ich meinen!

86. Wir .... das nicht zu machen.

87. .... ich einen Kaffee machen?

88. Ich .... einen Schluck vertragen.

89. Was .... denn das bedeuten?

90. Ich werde mich nächstes Jahr pensionieren ....

91. Das .... doch nicht wahr sein!

92. Es .... ein Irrtum vorliegen. Da bin ich mir ganz sicher.

93. Tobias hat noch nie gefehlt, er .... krank sein.

94. Du .... recht haben.

95. Wie .... das enden?

96. Ich weiß nicht, wie ich auf dieses Schreiben reagieren ....

97. Es kam, wie es kommen ....

98. Das hätte ich dir gleich sagen ....

99. Es .... morgen schneien.

100. Ich .... dir Grüße von Thomas ausrichten.

101. .... Sie mir bitte folgen!

102. Ich muss das schaffen, koste es, was es ....

103. Das .... ich nicht gehört haben!

104. .... ich ins Kino gehen?

105. Mein Vater hat sein ganzes Leben schwer arbeiten ....

106. Und so jemand .... Lehrer sein!

107. Ich .... mich überraschen.

108. Meine Frau .... eigentlich schon zurück sein.

109. Du .... gar nicht den Unschuldigen zu spielen.

110. Wenn ich ihr nur helfen ....!

111. .... Sie mir weiterhelfen?

112. Er .... verrückt sein.

113. .... du nicht besser aufpassen?

114. Zeit .... man haben!

115. .... Sie mich nur machen!

116. Dieser Schüler .... sich nicht benehmen.

117. .... ich dich kurz etwas fragen?

118. .... uns essen.

119....................... Sie sich nicht stören.

120. Man .... sich nur zu helfen wissen.

121. Das .... ich nicht mit mir machen.

122. Der .... mir gestohlen bleiben.

123. Dein Freund .... mit seiner Behauptung durchaus recht haben.

124. Das hätte er nicht sagen ....

125. Nach dem Abitur .... ich studieren.

126. .... er anrufen, so sag ihm, die Sache sei erledigt.

127. Wie oft .... ich dir das noch sagen?

128. Das .... fürs Erste genügen.

15. Benutzen Sie ein Modalverb*:

Beispiel: Sei mir bitte nicht böse. >
Du darfst mir nicht böse sein.

1. Es ist möglich.

   ....

2. Beeil dich, sonst verpassen wir den Zug!

   ....

3. Es ist hier nicht erlaubt zu rauchen.

   ....

4. Dein Chef hat nicht das Recht, dich so zu behandeln.

   ....

5. Diese Vorschrift gilt es zu beachten.

   ....

6. Es heißt, er habe eine Million im Lotto gewonnen.

   ....

7. Sie haben die Absicht, im August zu heiraten.

   ....

8. Unser Sohn hat den Wunsch, Medizin zu studieren.

   ....

9. Ich war nicht imstande, die Aufgabe ohne Hilfe zu lösen.

   ....

10. Peter ist nicht fähig, fünf Minuten ruhig dazusitzen.

    ....

11. Carmen hat bestimmt die Bahn verpasst. Sonst wäre sie schon da.

    ....

12. Er war nicht bereit, mir zu helfen.

    ....

Kapitel 12 Das Partizip

1. Ergänzen Sie die fehlenden Endungen:

1. mit wachsend.......... Interesse
2. in einer schleichend.......... Krise
3. mit einer einladend.......... Geste
4. mit fließend .... Wasser
5. mit überwältigend.......... Mehrheit
6. nicht enden wollend.......... Applaus
7. Text mit gegenüberstehend.......... Übersetzung
8. mit gleich bleibend.......... Geschwindigkeit
9. bei abnehmend.......... Mond
10. ein Epoche machend.......... Werk.
11. mit fragend.......... Blick
12. der Krieg führend.......... Länder
13. nach einer anstrengend.......... Reise
14. mit hochtrabend.......... Worten
15. trotz einer blühend.......... Wirtschaft
16. im einleitend.......... Text
17. mit dem amtierend.......... Meister
18. bei laufend.......... Motor
19. nach der entscheidend.......... Schlacht
20. in einem eng anliegend.......... Kleid
21. die Dienst habend.......... Ärzte
22. werdend.......... Mütter
23. ein für ihn bezeichnend.......... Verhalten
24. ohne begleitend.......... Maßnahmen.
25. für kommend.......... Generationen
26. mit gebührend.......... Achtung
27. in dem betreffend.......... Artikel

28. bei andauernd.......... Regen
29. unter fließend.......... Wasser abspülen
30. eine Schar spielend.......... Kinder
31. ein in den Bahnhof einfahrend.......... Zug
32. ein seiner Lehrerin zuwinkend.......... Mädchen
33. bei sengend.......... Hitze
34. unter fließend.......... Wasser halten
35. ein über das Ufer tretend.......... Fluss
36. ein am Straßenrand anhaltend.......... Auto
37. eine Gruppe demonstrierend.......... Studenten
38. in der kommend.......... Woche
39. wegen nachlassend.......... Leistungen
40. ein galoppierend.......... Pferd
41. mit wachsend.......... Begeisterung

2. Formen Sie nach folgendem Beispiel um:

der Zug, der aus Rom kommt >
der aus Rom kommende Zug

1. eine Niederlage, die deprimiert

....

2. ein Getränk, das erfrischt

....

3. ein Verbrechen, das schockiert

....

4. die Seiten, die fehlen

....

5. die Länder, die Erdöl exportieren

....

6. eine Weltbevölkerung, die ständig wächst

....

7. das Land, das aufnimmt

....

8. die Apotheke, die Dienst hat

....

9. ein Kleid, das eng anliegt

....

10. ein Fehler, der nicht wieder gutzumachen ist

....

11. ein Ausdruck, der passt

....

12. ein Ergebnis, das ermutigt

....

13. ein Buch, das Mut macht

....

14. eine Leistung, die imponiert

....

15. zwei Aussagen, die sich widersprechen

....

16. ein Ereignis, das Aufsehen erregt.

....

17. ein Kind, das schläft

....

18. die Zeit, die uns zur Verfügung steht

....

19. ein Gift, das langsam wirkt

....

20. Kinder, die auf der Wiese spielen

....

21. ein Junge, der ständig den Unterricht stört.

....

22. ein Mädchen, das fleißig lernt

....

23. Worte, die verletzen

....

24. ein Mann, der im See schwimmt

....

25. ein Haus, das am Ufer steht

....

3. Ersetzen Sie die Partizipien durch einen Relativsatz:

1. Krieg führende Länder

....

2. eine sich ständig verändernde Gesellschaft

....

3. ein schlecht passendes Gebiss

....

4. ein überzeugender Vortrag

....

5. eine schwächelnde Konjunktur

....

6. die am Tisch sitzenden Kinder

....

7. der anhaltende Regen

....

8. ein aufsehenerregendes Ereignis

....

4. Formen Sie nach folgendem Beispiel um*:

der Schüler, der vom Lehrer gefragt wurde >
der vom Lehrer gefragte Schüler

1. der Wiederaufbau der Städte, die durch den Krieg zerstört wurden, ...

   ....

2. der Satz, der aus dem Zusammenhang gerissen wurde, ...

   ....

3. eine Fabrik, die mit Alarmanlagen ausgestattet ist, ...

   ....

4. die Einwände, die die Engländer erhoben haben, ...

   ....

5. die Abenteuer, die er erzählt hat, ...

   ....

6. die Feier, die meine Töchter organisiert haben, ...

   ....

7. die Entscheidungen, die die Regierung getroffen hat, ...

   ....

8. die Experimente, die Professor Müller durchgeführt hat, ...

   ....

9. ein Unternehmer, der wegen betrügerischen Bankrotts verurteilt wurde, ...

   ....

10. die Produkte, die zum Verkauf bestimmt sind, ...

    ....

11. die Szenen, die auf den Mosaiken dargestellt sind, ...

    ....

12. ein Wohlstand, den man mit Mühe erreicht hat, ...

....

13. die Luftverschmutzung, die durch Abgase verursacht wird,

....

14. den Preis, den der Verkäufer verlangt, ...

....

15. das Fahrrad, das von meiner Frau repariert worden ist, ...

....

16. die Aufgabe, die von dem Schüler richtig gelöst worden ist,

....

17. infolge der Regierungskrise, die durch diesen Skandal ausgelöst worden ist, ...

....

18. ein Kind, das auf der Straße spielt, ...

....

19. das Land, das diese Flüchtlinge aufnimmt, ...

....

20. die Lehrer, die an diesem Gymnasium unterrichten, ...

....

21. ein Dieb, der von der alten Frau überrascht worden ist, ...

....

22. die Brücke, die von dieser Firma gebaut worden ist, ...

....

23. das Bild, das der Maler in seinem letzten Lebensjahr gemalt hat, ...

....

24. bei dem Unfall, der von einem betrunkenen Autofahrer verursacht wurde, ...

....

5. Ersetzen Sie die Partizipien durch einen Relativsatz*:

1. die in diesem Buch behandelten Probleme

   ....

2. das von der Katastrophe betroffene Gebiet

   ....

3. die von alkoholisierten Personen begangenen Verbrechen

   ....

4. die durch diesen Skandal ausgelöste Regierungskrise

   ....

5. der von der Kommission abgelehnte Vorschlag

   ....

6. das vierte von den Terroristen entführte Flugzeug

   ....

7. das ins Französische übersetzte Werk

   ....

8. die in diese Machenschaften verwickelten Abgeordneten

   ....

9. die von der deutschen Regierung ergriffenen Maßnahmen

   ....

10. das durch sauren Regen verursachte Waldsterben

    ....

11. ein von der Polizei vereiteltes Verbrechen

    ....

12. die auf dem Gebiet der Medizin gemachten Fortschritte

    ....

13. die während des letzten Jahres eingezogenen Führerscheine

    ....

14. die von einem Drogenabhängigen überfallene Frau

....

15. die 2014 vorgenommenen Gebührenerhöhungen

....

16. der nicht angeleinte Hund

....

17. das vor der Bank geparkte Auto

....

18. die frisch gestrichene Bank

....

19. in dem Museum ausgestellte Plastiken

....

20. der 1965 errichtete Turm

....

21. die durch den Sturm abgedeckten Dächer

....

22. die in der Nähe des Tatorts festgenommenen Jugendlichen

....

23. das mit Teppichboden ausgelegte Zimmer

....

24. die von einer Interviewerin befragten Personen

....

25. die von einem maskierten Räuber überfallene Bank

....

26. die von ihrer Lehrerin gut auf die Prüfung vorbereiteten Schülerinnen

....

27. der von dem Lektor gründlich durchgesehene Text

....

Kapitel 13 Die Modi

1. Bilden Sie die passende Imperativform:

1. Michael, ... (kommen) bitte pünktlich.
2. Herr Hartmann, ... (nehmen) bitte Platz.
3. Petra, ... (geben) mir bitte die Butter.
4. Tobias, ... (helfen) bitte deinem Bruder.
5. Kinder, ... (machen) nicht einen solchen Lärm!
6. Mama, ... (erschrecken) nicht!
7. Thomas, ... (essen) nicht die ganze Schokolade!
8. Kinder, ... (sprechen) mit eurem Lehrer.
9. Rolf, ... (sehen), was du angerichtet hast!
10. Elena, ... (sprechen) bitte deutlicher!
11. Peter, ... (lesen) den Satz an der Tafel.
12. Kerstin, ... (nehmen) die Kreide und...................... (korrigieren) den Fehler.
13. Monika, ... (sein) nicht so nervös.
14. Bello, ...! (fressen)
15. .... dich doch, wenn dich die Stelle interessiert. (bewerben)
16. Jungs, ... doch nicht so ungeduldig! (sein)
17. Kinder, ... nicht! (streiten)
18. Maren, ...! .... nicht in den Hundekot! (aufpassen, treten)
19. Ich rate dir: .... dir Zeit und .... die richtige Entscheidung! (lassen, treffen)
20. Christoph, ... mir nur nicht krank! (werden)
21. Sina, ... etwas Geduld! (haben).

22. Mensch Peter, …………………. doch nicht gleich die Flinte ins Korn! (werfen)

23. …………………. Vogel oder ………………….! (fressen, sterben)

24. Bernd, …………………. doch noch einmal nach, ob die Couch in die Ecke passt! (messen)

25. Simone, …………………. nicht! (verzweifeln)

2. Formen Sie nach folgendem Beispiel um*:

Ich bin froh. > Ich wäre froh.

1. Ich kann ihm helfen.

   ……………………………………………………………………

2. Wir kommen auch.

   ……………………………………………………………………

3. Ich gebe ihm das Geld.

   ……………………………………………………………………

4. Wir sind pünktlich gekommen.

   ……………………………………………………………………

5. Sie wissen es.

   ……………………………………………………………………

6. Es liegt an ihm.

   ……………………………………………………………………

7. Ich habe Zeit.

   ……………………………………………………………………

8. Das gefällt mir auch.

   ……………………………………………………………………

9. Das muss möglich sein.

   ……………………………………………………………………

10. Ich stehe auch zur Verfügung.

....

11. Das heißt, wir müssen Überstunden machen.

....

12. Dieser Prozess zieht sich weiter in die Länge.

....

13. Das fällt mir schwer.

....

14. Seine Frau tut mir leid.

....

15. Das darf nicht sein.

....

16. Das finde ich gut.

....

17. Das liegt in meinem Interesse.

....

18. Das bricht mir das Herz.

....

19. Das sieht gut aus.

....

20. Das lässt sich machen.

....

21. Das hält sich in Grenzen.

....

22. Gilt das auch für uns?

....

23. Das klingt gut.

....

3. Alles Wünsche!

1. Wenn ich nur mehr Zeit ....! (haben)
2. Wenn du nur ordentlicher ....! (sein)
3. Wenn ich das nur ....! (wissen)
4. Wenn er doch wenigstens hier ....!(sein)
5. Wenn ich das damals nur ....! (wissen)
6. Hoch .... das Brautpaar! (leben)
7. Wenn er doch damals sein Studium nicht ....! (abbrechen)
8. Gott .... uns gnädig! (sein)
9. Der Himmel .... uns ....! (beistehen)
10. Gott .... euch! (segnen)
11. Gott .... ! (behüten)
12. Gott .... die Königin! (schützen)

4. Ersetzen Sie *würde* + Infinitiv durch den Konjunktiv II*:

1. An deiner Stelle würde ich das Angebot annehmen.

   ....

2. An seiner Stelle würde ich das Auto zurückgeben.

   ....

3. An Ihrer Stelle würde ich mit der Bahn fahren.

   ....

4. Das würde mir gelegen kommen.

   ....

5. Das würde mir auf die Nerven gehen.

   ....

6. Das würde ihm nie gelingen.

   ....

7. Das würde unter uns bleiben.

....

8. Das würde mir das Herz brechen.

....

9. Das würde neue Arbeitsplätze entstehen lassen.

....

10. Ich würde darin ein Problem sehen.

....

11. Das würde ich nicht ausschließen.

....

12. Ich würde ihm diesen Gefallen tun.

....

13. Damit würde er in Schwierigkeiten geraten.

....

14. Das würde heißen, dass er seinen Posten aufgibt.

....

15. Das würde nur Vorteile bringen.

....

16. Diese Maßnahmen würden zu einer Verbesserung der internationalen Beziehungen beitragen.

....

17. Sein Vater würde das wissen.

....

18. Das würde ihn mitten ins Herz treffen.

....

19. Das würde für die zweite Lösung sprechen.

....

5. Ergänzen Sie die folgenden Bedingungssätze*:

1. Wenn es morgen........................ (regnen), verschieben wir den Ausflug.
2. Wenn du mich .... (anrufen), hätte ich dich vom Bahnhof abgeholt.
3. Wenn es wahr .... (sein), wäre ich froh.
4. Wenn wir es .... (wissen), hätten wir es dir gesagt.
5. Wenn du mehr .... (lernen), würdest du bessere Noten schreiben.
6. Ich würde mich freuen, wenn du mich .... (besuchen).
7. Was hättest du gemacht, wenn er nicht mehr .... (zurückkommen)?
8. Wenn du dich .... (beeilen), hätten wir den Zug nicht verpasst.
9. Wenn du weniger .... (rauchen), würdest du dich wohler fühlen.
10. Wenn du die Rechenaufgabe nicht lösen .... (können), helfe ich dir.
11. Wenn ich du .... (sein), würde ich diese Bedingungen nicht akzeptieren.
12. Wenn ihr besser .... (spielen), hättet ihr gewonnen.
13. Wenn du den Krimi .... (lesen), wüsstest du, wer der Mörder ist.
14. Wenn ich an deiner Stelle .... (sein), würde ich mir das nochmals überlegen.
15. Wir wären an den Strand gegangen, wenn es nicht so windig .... (sein).
16. Wenn mein Sohn sich damals mehr .... (anstrengen), hätte er es geschafft.

17. Wenn du gestern nicht so viele Bonbons .... (essen), hättest du kein Bauchweh.

18. Wenn er nicht so .... (rasen), wäre es nicht zu dem Unfall gekommen.

19. Wenn ich diesen Kredit .... (bekommen), hätte ich mich selbständig machen können.

20. Wenn du gestern Abend weniger .... (trinken), hättest du heute Morgen keine Kopfschmerzen.

21. Es wäre besser, wenn er sich auf das Allernotwendigste .... (beschränken).

22. Wenn ihr mit größerem Einsatz ....(spielen), hättet ihr das Spiel nicht verloren.

23. Wenn wir es vorher .... (wissen), hätten wir uns anders verhalten.

24. Wenn du weniger .... (schreien), würdest du mehr erreichen.

25. Wenn sie rechtzeitig .... (warnen, Passiv), hätten sie sich retten können.

26. Wenn man Fahrrad .... (fahren), bleibt man fit.

27. Wenn du fertig .... (essen), räum bitte den Tisch ab.

28. Ich würde gern mit euch nach Berlin fahren, wenn ich nicht gerade vor vierzehn Tage dort .... (sein).

29. Wenn ihr besser .... (aufpassen), hättet ihr nicht so banale Fehler gemacht.

30. Wenn ich nicht so schnell .... (bremsen), hätte ich den Radfahrer angefahren.

31. Wenn der Wecker nicht .... (läuten), wäre ich nicht aufgewacht.

32. Wenn du nicht einverstanden .... (sein), sag es mir.

33. Wenn ich den 7-Uhr-Zug .... (nehmen), komme ich um 11.30 Uhr an.

34. Ich würde mir ein Haus kaufen, wenn ich in der Lotterie viel Geld .... (gewinnen).

35. Wenn ich den Führerschein .... (verlieren), würde mich mein Chef entlassen.

36. Wenn du .... (mitspielen), hätten wir vielleicht gewonnen.

37. Wer hätte es geglaubt, wenn man es uns vorher .... (sagen) ?

38. Falls du nicht kommen .... (können), sag es mir.

39. Wenn man dich .... (fragen), was würdest du antworten?

40. Wenn sie um 5 Uhr .... (abfahren), werden sie schon angekommen sein.

41. Stört es Sie, wenn ich .... (rauchen)?

42. Ich hätte das Gleiche gemacht, wenn ich an deiner Stelle .... (sein).

43. Wenn du dich .... (verirren), kannst du mich auf meinem Handy anrufen.

44. Wenn ich ihn .... (beleidigen), werde ich ihn um Entschuldigung bitten.

45. Wenn dein Vater dich so .... (sehen), würde er sich im Grab umdrehen.

46. Wenn ich nicht verletzt .... (sein), hätte ich an dem Marathonlauf teilgenommen.

47. Wenn du Zeit .... (haben), kannst du auch kommen.

48. Wenn er besser .... (aufpassen), wäre das nicht passiert.

49. Wenn es nicht bald .... (regnen), bekommen die Bauern große Probleme.

50. Wenn du mich .... (anrufen), hätte ich dich vom Bahnhof abgeholt.

Kapitel 14 Das Passiv

1. Setzen Sie die folgenden Sätze ins Passiv:

1. Ein Bauer hat diese Statue gefunden.

   ....

2. Alle Schüler lesen dieses Buch.

   ....

3. Eine Gruppe Extremisten hat diese Frau entführt.

   ....

4. Zwei Räuber haben diesen Mann überfallen.

   ....

5. Alle Mitgliedsländer werden diesen Vertrag unterschreiben.

   ....

6. Inzwischen haben alle Mitgliedsländer diesen Vertrag unterschrieben.

   ....

7. Fast alle Zeitungen haben diese Nachricht verbreitet.

   ....

8. Morgen wählt der Gemeinderat den Bürgermeister.

   ....

9. Man muss das Problem möglichst schnell lösen.

   ....

10. Man hat das Auto in der Nähe des Parks wiedergefunden.

    ....

11. Man muss die Entscheidung kurzfristig treffen.

    ....

12. Zwei Terroristen entführten das Flugzeug.

    ....

13. Zecken können einige Viren übertragen.

....

14. Ein Blitz hat den Turm getroffen.

....

15. Uns hat ein Freund informiert.

....

16. Man würde einen solchen Vorschlag nie annehmen.

....

17. Ein Erdbeben zerstörte die Stadt.

....

18. In Deutschland spricht man viele Dialekte.

....

19. Diesen Ausdruck gebraucht man nicht mehr.

....

20. Auf diese Weise kann man die Abwehrkräfte stärken.

....

21. Eine Spezialfirma muss diese Arbeiten durchführen.

....

22. Die Polizei hat zwei Jugendliche festgenommen.

....

23. Man müsste diese Angelegenheit anders regeln.

....

24. Der Papst hat den Chor in Privataudienz empfangen.

....

25. Die Regierung versprach den Erdbebenopfern sofortige Hilfe.

....

26. Ihr Chef hat sie immer gut behandelt.

....

2. Bilden Sie mit den angegebenen Wörtern Sätze im Passiv:

1. ein Kurzschluss – der Brand – verursachen (Präteritum)

   ....

2. noch nicht – der Lehrer – die Arbeiten – zurückgeben (Perfekt)

   ....

3. fast alle Zeitungen – diese Nachricht – verbreiten (Plusquamperfekt)

   ....

4. unterschreiben – alle Mitgliedstaaten – der Vertrag (Perfekt)

   ....

5. vom Platz – der Schiedsrichter – stellen – drei Spieler (Plusquamperfekt)

   ....

6. müssen – diese Angelegenheit – bis Freitag – erledigen (Präsens)

   ....

7. zwei Zeugen – der Täter – am Tatort – sehen (Plusquamperf.)

   ....

8. morgen – abstimmen – das Parlament – der Gesetzentwurf – abstimmen über (Futur)

   ....

9. sperren – eine Woche – müssen – für den Verkehr – diese Straße (Präsens)

   ....

10. der Detektiv – ein Parfum – das Mädchen – beim Diebstahl – ertappen (Perfekt)

    ....

11. der Kandidat – korrekt – alle Fragen – beantworten (Perf.)

....

12. mobben – der Junge – schon lange – seine Mitschüler (Plusquamperf.)

....

13. warum – ablehnen – der Vorschlag – gestern – die Geschäftsleitung (Perfekt)

....

14. in einer Woche – beginnen – können – mit dem Bau (Präsens)

....

15. räumen – vom Schnee – bis 7 Uhr – der Gehweg – müssen (Präsens)

....

16. als letztes Jahr – schießen – dieses Jahr – mehr Tore – bedeutend (Perfekt)

....

17. stärker – die Justiz – ahnden – diese Vergehen – müssen (Präsens)

....

18. eine Notoperation – nur – können – retten – der Schwerverletzte (Präteritum)

....

19. immer mehr – stehlen – in Kaufhäusern und Supermärkten; nicht länger – hinnehmen – können – dieser Zustand (Präsens)

....

....

20. ins Krankenhaus – sollen – wegen Kreislaufbeschwerden – einliefern – der Minister (Perfekt)

....

....

3. Formen Sie die folgenden Passivsätze in Aktivsätze um:

1. Von wem ist diese falsche Nachricht verbreitet worden?

   ……………………………………………………………………………

2. Sein Vater wird von allen respektiert.

   ……………………………………………………………………………

3. Der Text muss von den Schülern in zwei Stunden bearbeitet werden.

   ……………………………………………………………………………

4. Die Zeit wird von uns gut genutzt werden.

   ……………………………………………………………………………

5. Die junge Frau war von dem Jugendlichen misshandelt und vergewaltigt worden.

   ……………………………………………………………………………

6. Damals wurden die falschen Entscheidungen getroffen.

   ……………………………………………………………………………

7. Zwei Fußgänger sind von dem Lastwagen erfasst worden.

   ……………………………………………………………………………

8. Bei der Razzia wurden von der Polizei mehrere Verdächtige festgenommen.

   ……………………………………………………………………………

9. Das Fax war an die falsche Stelle weitergeleitet worden.

   ……………………………………………………………………………

10. Der Unternehmer wurde von dem Gericht wegen betrügerischen Bankrotts zu drei Jahren Haft verurteilt.

    ……………………………………………………………………………

    ……………………………………………………………………………

11. Dieses Problem konnte nicht anders gelöst werden.

    ……………………………………………………………………………

Kapitel 15 Die Negation

1. Ergänzen Sie die passenden Negationen:

1. Andreas ist .... gekommen, seine Schwester auch ....
2. .... funktionierte mehr.
3. Es ist .... zu spät, Gutes zu tun.
4. .... du .... sonst jemand wird meine Pläne ändern.
5. .... der Nachbarn scheint etwas Besonderes bemerkt zu haben.
6. Das mache ich auf .... Fall.
7. .... Regel ohne Ausnahme.
8. Ich habe die ganze Nacht .... Auge zugetan.
9. .... meiner Kollegen spricht Russisch.
10. Diese Äpfel schmecken nach ....
11. Hoffentlich bekommst du .... Grippe.
12. Es gibt .... Neues.
13. Ein Analphabet ist jemand, der .... lesen .... schreiben kann.
14. .... wird als Meister geboren.
15. Möchtest du noch Wein? - ...., danke.
16. Ich esse .... Fleisch.
17. Ich habe .... etwas Schöneres gesehen.
18. Es besteht .... Eile.
19. Dafür kann ich ....
20. .... bemerkte den Diebstahl.
21. .... hat jemandem etwas gesagt.
22. Es ist besser, ... zu sagen.
23. Ich war noch .... in China.

24. .... Ahnung!

25. .... mehr werde ich diesen Laden betreten!

26. Daran gibt es .... Zweifel.

27. Es vergeht .... Tag, an dem er sich .... beschwert.

28. Mach dir .... Sorgen!

29. Das ist immerhin besser als ....

30. Petra ist noch .... 30 Jahre alt.

31. Wir haben .... davon gewusst.

32. Jetzt oder ....!

33. Dieser Mann ist .... für dich.

34. Hast du schon Äpfel gekauft? – ...., ich habe .... gekauft.

35. Mein Freund redet von .... anderem.

36. Ich habe noch .... erlebt, dass sich dieser Kollege für etwas entschuldigt hat.

37. Deine Tochter ist .... Kind mehr.

38. Von .... kommt ....

39. Mein Schwager kennt sich auf diesem Gebiet aus wie sonst ....

40. Ich habe .... gegen deinen Vater.

41. Es hat .... zehn Euro gekostet.

42. Mein Vater spricht .... Englisch.

43. Das tut .... zur Sache.

44. Nur .... Hektik!

45. Es ist .... alles Gold, was glänzt.

46. .... ihn, sondern sie habe ich gesehen.

47. Hast du .... Handy?

48. Das ist .... das Problem.

49. Das sind .... guten Aussichten.

50. .... ein Schüler wusste die Antwort.
51. Hast du .... Geschwister?
52. Ich trinke .... Wein.
53. .... liebt mich.
54. Ist das .... Tanja?
55. Er hat .... einziges Mal angerufen.
56. Mit diesem Jungen haben sie .... als Sorgen.
57. Ich habe .... einen, sondern zwei gesehen.
58. Ich glaube, daraus wird ....
59. Es regnete .... einzigen Tag.
60. .... der Kinder hat das Essen angerührt.
61. Es gibt .... Grund, sich derart aufzuregen.
62. Sie haben viele Ideen, aber .... Mittel.
63. Da ist .... mehr zu machen.
64. Ich habe leider .... Passendes gefunden.
65. Das gefällt mir ganz und ....
66. Wo ist meine Brille? Ich kann sie .... finden.
67. Das ist .... Schuld.
68. Seiner Frau kann er .... recht machen.
69. Es sind Taten notwendig, ... Worte.
70. Alkoholismus ist eine richtige Krankheit und .... Laster.
71. .... geht über eine gute Tasse Kaffee.
72. Meine Katze macht mir Sorgen: .... spielt sie, ..., noch frisst sie, ... putzt sie sich.
73. Ich spreche .... Russisch.
74. Du bist .... Rechenschaft schuldig.
75. Er hat im Diktat .... einzigen Fehler gemacht.

2. Verneinen Sie folgende Sätze:

1. Es war bestimmt Absicht.

   ....

2. Er hat die Absicht, sein Studium aufzugeben.

   ....

3. Petra spricht sowohl Französisch als auch Spanisch.

   ....

4. Es regnet schon.

   ....

5. Ich habe einen Fehler gemacht.

   ....

6. Die Farbe gefällt mir sehr gut.

   ....

7. Alle waren mit dem Vorschlag einverstanden.

   ....

8. Du hilfst immer jemandem.

   ....

9. Unsere Gäste sind schon angekommen.

   ....

10. Gehst du ins Kino? – Ja. – Ich auch.

    ....

11. Ich habe Angst, es ihr zu sagen.

    ....

12. Wir haben die Möglichkeit, auch Pompeji zu besuchen.
    Leider ....

13. Ich werde ihn immer wieder einladen.

    ....

Kapitel 16 Das Adverb

1. Ergänzen Sie die Sätze mit folgenden Adverbien:

vermutlich – besonders - beinahe – absolut – wahrscheinlich – oft – allmählich – sicherlich – sogar – vielleicht – nur – wirklich – viel – genug – ziemlich – so – auswendig – heimlich – vergebens – gut – gewaltsam – plötzlich – einfach – gleich – manchmal– zuerst – früh – draußen – vorn – unten – nebenan – hinten – dann – meistens – beruflich – selten – schlicht – durchschnittlich – leider – gern – fließend – lieber – am liebsten – geschäftlich

1. Ich weiß nicht, wie der Mann aussieht; ich habe ihn nur von .... gesehen.
2. .... mache ich meine Hausaufgaben, ... gehe ich ins Schwimmbad.
3. Wir müssen das Gedicht .... lernen.
4. Ich bin mir .... sicher, dass er es war.
5. Hunde müssen .... bleiben.
6. .... bekomme ich Hunger.
7. In diesem Beruf verdient man nicht ....
8. Tut es hier weh oder weiter ....?
9. Dieses Kleid gefällt mir .... gut.
10. Ein Bäcker muss immer .... aufstehen.
11. Ich habe mich sehr angestrengt, aber alle Mühe war ....
12. Gestern hätte mich .... ein Auto angefahren.
13. Beeil dich, der Zug fährt .... ab!
14. .... macht man das nicht.
15. Das ist eine .... gute Leistung.
16. Die Diebe sind .... in das Haus eingedrungen.
17. Die Mathematikaufgabe war .... schwierig.
18. Wir gingen im Wald spazieren, als es .... zu regnen anfing.

19. Sein Onkel ist reich, ... sehr reich.

20. Er hat sich ...., still und leise aus dem Staub gemacht.

21. .... haben sich die Täter ins Ausland abgesetzt.

22. Als ich das hörte, musste ich .... lachen.

23. Wir müssen uns .... mit dieser Entscheidung abfinden.

24. Einen genauen Termin anzugeben ist .... unmöglich.

25. Es wäre .... besser gewesen, noch ein paar Tage zu warten.

26 .... wohnen Müllers, und zwei Häuser weiter wohnen Meiers.

27. Was machst du ....? Rad fahren oder Tennis spielen? Ich mache beides .... Aber .... gehe ich reiten.

28. Im Auto sitze ich am liebsten ....

29. Mein Vater spricht .... Englisch.

30. Wir verbringen unseren Urlaub .... in den Bergen, aber .... am Meer.

31. Peter verdient 1200 Euro, aber das ist nicht ...., um eine vierköpfige Familie zu ernähren.

32. Ich gehe .... ins Kino, zwei- oder dreimal pro Woche.

33. Wir gehen .... ins Theater, ... zweimal im Jahr.

34. .... habe ich morgen keine Zeit.

35. Mein Mann ist .... in Rom.

36. Ich lerne Spanisch, weil ich es .... brauche.

37. Mein Kollege spricht .... Englisch.

38. Ich arbeite .... zehn Stunden am Tag.

2. Fügen Sie eine passende Abtönungspartikel ein:

aber, bloß, da, denn, doch, eben, eigentlich, einfach, etwa, ganz, gerade, gleich, halt, ja, mal, nur, ruhig, schon, vielleicht, sowieso, wohl, eh. (Manchmal gibt es mehrere Möglichkeiten).

1. Beeil dich ....!
2. Hast du .... Angst?
3. Das darf .... nicht wahr sein!
4. Womit habe ich das .... verdient?
5. Das fängt .... gut an!
6. Ich bin .... nicht blöd!
7. Du könntest .... zur Bank gehen.
8. Was willst du ....?
9. Das ist .... nett von Ihnen.
10. Ich bin verzweifelt. Was soll ich .... machen?
11. Sind die .... frech.
12. Wir brauchen uns nicht zu beeilen. Wir kommen .... zu spät.
13. Das hat mir .... noch gefehlt.
14. Wie heißt sie .... gleich?
15. Du weißt ...., dass ich dich liebe.
16. Was ist .... los?
17. So ist es ....
18. Hättest du .... einen Euro für mich?
19. .... beim Gedanken daran läuft es mir kalt den Rücken hinunter.
20. Sag mir ...., du hast es vergessen.
21. Das ist .... unglaublich!
22. Hör ....!
23. Das ist .... der Unterschied!
24. Das ist .... so!

25. Bedient euch ....!
26. Kommt .... herein!
27. Das ist .... nicht zu glauben!
28. Was machst du .... dort?
29. Das ist .... ein Zufall!
30. Da musste ich .... lachen.
31. Was macht das ....? Das ist .... nicht schlimm.
32. Das wird .... stimmen.
33. Hab ich .... einen Durst!
34. Das ist .... nicht dein Ernst!
35. Das ist .... ein Idiot!
36. Du bist .... nicht bei Sinnen!
37. Was ist .... dabei?
38. Du machst .... ein Gesicht!
39. Glaubst du ...., dass er sich für dich einsetzt?
40. Nun ist es .... genug.
41. Du kennst mich ....
42. Tu das .... nicht!
43. Das ist .... das Problem!
44. Das hört sich .... anders an.
45. Da kann man .... nichts machen.
46. Ich will Ihnen .... was sagen: ...
47. Du hast .... Glück!
48. Der spinnt ....!
49. Was soll das .... sein?
50. Das ist .... egal.
51. Meinst du ...., ich habe das im Spaß gesagt?
52. Heute schaffen die Arbeiter es .... nicht mehr.
53. Das ist .... nicht zu glauben!

Kapitel 17 Die Konjunktionen

1. Ergänzen Sie die fehlenden Konjunktionen:

1. Ich sagte ihm, er solle warten, ... das Taxi kommt.
2. Wir müssen alle mitarbeiten, ... das Fest ein Erfolg wird.
3. .... mein Sohn die Schule gewechselt hat, ist er ausgeglichener.
4. Ich bin völlig erschöpft, ... ich von der Arbeit komme.
6. Ich werde wieder arbeiten, ... mein Kind in die Schule kommt.
7. Jedes Mal, ... wir über dieses Thema sprechen, streiten wir uns.
8. .... ich das Buch nicht gelesen hatte, konnte ich die Frage nicht beantworten.
9. Ich bleibe zu Hause, ... ich mich nicht wohl fühle.
10. Baskisch sprach man auf der Iberischen Halbinsel, lange .... die Römer kamen.
11. .... Juan fünf Jahre jünger ist als sein Bruder, sieht er älter aus.
12. .... wir es nicht eilig hatten, gingen wir zu Fuß, weil die Schule nicht weit war.
13. Das sagst du immer, ... du dich ärgerst.
14........... ich es merkte, war es zu spät.
15. Entscheide dich, ... es zu spät ist!
16. .... sie keinen Alkohol mehr trinkt, geht es ihr besser.
17. Kinder, geht hinaus spielen, ... die Sonne scheint!
18. Ich rufe dich an, ... ich in Salamanca ankomme.

19. .... ich mich vorstelle, ist die Stelle entweder schon vergeben oder ich bin zu jung und habe zu wenig Erfahrung.

20. Sie war fünfzehn, ... ihre Mutter starb.

21. Sein Freund bekam einen Herzinfarkt, ... er telefonierte.

22. Ich bekam die Stelle nicht, ... ich kein Englisch konnte.

23. .... ich den Tisch decke, könntest du Kaffee kochen.

24. Mein Mann langweilt sich, ... er pensioniert ist.

25. .... ich es weiß, werde ich dich anrufen.

26. Ich komme eigens, ... wir über dieses Projekt sprechen können.

27 .... man Rad fährt, bleibt man in Form.

28. Unser Mittelstürmer ist zwar verletzt, ... er wird spielen können.

29. Ich gehe gern ins Kino, ... meine Freundin lieber ins Theater geht.

30. Es ist besser, wir gehen, ... es dunkel wird.

31. .... ich aus dem Urlaub zurückgekommen bin, leide ich unter Schwindel.

32. .... wir uns gestärkt hatten, machten wir uns wieder auf den Weg.

33. Das Mädchen wurde überfahren, ... es über den Zebrastreifen ging.

34. .... Andreas vor der Klassenarbeit Angst hatte, blieb er zu Hause.

35. Ich habe den Brief nicht bekommen, ... er vergessen hatte, ihn einzuwerfen.

36. .... unser Mittelstürmer verletzt war, wollte er unbedingt spielen.

37. .... alle an der Studienfahrt teilnehmen können, dürfen die Kosten 250 Euro nicht überschreiten.

38. Vieles hat sich geändert, ... zwar zum Besseren.

39. .... ich meine Hausaufgaben gemacht habe, werde ich bei dir vorbeikommen.

40. Der Junge benahm sich, ... er verrückt wäre.

41. .... ihr Mann gestorben war, musste meine Schwester ihren Lebensunterhalt verdienen.

42. Ich halte mich fit, ... ich Rad fahre.

43. .... unsere Mannschaft ziemlich schlecht spielte, gewann sie.

44. .... wir uns alle an die Vorschriften halten, setzt sich Markus über alles hinweg.

45. .... schönes Wetter war, beschlossen wir, einen Ausflug zu machen.

46. .... du nicht kommen kannst, ruf mich bitte an!

47. Kaum waren wir an unserem Ferienort angekommen, ... ein Gewitter losbrach.

48. .... ich nochmals auf die Welt käme, würde ich alles genauso machen, wie ich es gemacht habe.

49. Wir unternehmen alles, ... unser Sohn wieder gesund wird.

50. .... ihm etwas zustoßen sollte, wäre es eine Katastrophe.

51. Sie sprachen so leise, ... niemand etwas verstehen konnte.

52. Ich habe mich verletzt, ... kann ich nicht spielen.

53. Ich bin mit meinem Bild nicht zufrieden, ... mir alle sagen, dass es eine gute Arbeit sei.

54. .... ich einige Einkäufe tätigen muss, werde ich nicht vor Mittag zu Hause sein.

55. .... man nicht spielt, kann man auch nicht gewinnen.

56. Denk darüber nach, ... du ablehnst.

57. .... er angekommen war, rief er mich an.

58. .... er sich keine Illusionen macht, musst du ihm die Wahrheit sagen.

59. .... du im Fitnesscenter warst, habe ich die Wohnung aufgeräumt.

60. Ich habe nicht das Ende des Films gesehen, ... ich im Sessel eingeschlafen war.

61. Terroristen wollen ihr Ziel erreichen, ... sie Angst, Schrecken und Unsicherheit verbreiten.

62. .... seine Frau sich von ihm getrennt hatte, fing er an, sich gehen zu lassen.

63. Er spricht fließend Englisch, ... man ihn für einen Engländer halten könnte.

64. Ich respektiere die Meinung der anderen, ... sie respektieren meine.

65. Man feiert Weihnachten auf verschiedene Weise, ... man auf dem Land oder in der Stadt wohnt.

66. .... mein Neffe über so viel Geld verfügt, gelingt es ihm trotzdem nicht, über die Runden zu kommen.

67. Diese beiden Koffer sind völlig gleich, ... meiner einen Kratzer hat.

68. Der Mann bessert seine Rente auf, ... er Zeitungen austrägt.

69. Es hagelte, ... die Ernte vernichtet wurde.

70. .... ich weiß, ist er verreist.

71. Sie schaute mich an, ... sie nicht verstanden hätte.

72. Ich hatte das Haus schon verlassen, ... er anrief.

73. Haltet euch nicht zu lange auf, ... es ist schon spät.

74. Ich glaube nicht, dass es so leicht ist, ... ihr meint.

75. .... ich draußen wartete, sah ich zwei komische Typen hineingehen.

76. Räum bitte die Sachen auf, ... du gehst.

77. .... ich es rechtzeitig gewusst hätte, wäre ich auch gekommen.

78. Patrizia war so aufgeregt, ...sie kaum sprechen konnte.

79. .... ich nicht die neuen Vokabeln gelernt habe, darf ich nicht spielen.

80. Die Mathematikaufgabe war zu schwer, ... ich sie hätte lösen können.

81. Ich habe gehandelt, ... ich es für richtig gehalten habe.

82. .... Kostas erst seit drei Monaten Deutsch lernt, spricht er schon sehr gut.

83. .... es mehrere Tage geregnet hat, beginnt es zu schneien.

84. .... dir so etwas passieren würde, was würdest du machen?

85. Der Fahrer hat die Kontrolle über sein Auto verloren, ... er durch sein Handy abgelenkt war.

86. Ich habe wohl keine großen Chancen; .... bewerbe ich mich um diese Stelle.

87. Pass auf den Kleinen auf, ... er sich nicht wehtut.

88. Kommst du mit .... bleibst du zu Hause?

89. Dieses Kleid ist .... hübsch, ... auch sehr teuer.

90. .... die Katze aus dem Haus ist, tanzen die Mäuse.

91. .... du gehst, möchte ich dir noch etwas sagen.

92. .... ich mich nicht irre, ist ihr Mann Elektriker.

93. .... sie in ihrem Leben viel Schlimmes erlebt hatte, gab sie nie die Hoffnung auf.

94. Der Fahrer konnte den Zusammenstoß vermeiden, ... er eine Vollbremsung machte.

95. Ich warte auf dich, ... du fertig bist.

96. Jedes Mal .... ich sie sehe, schlägt mein Herz heftiger.

2. Was passt zusammen?

1. Markus hat die Prüfung nicht bestanden,
2. Petra hat die Prüfung bestanden,
3. Warten wir mit dem Essen,
4. Wir müssen große Opfer bringen,
5. Ich bleibe hier,
6. Wir gingen im Park spazieren,
7. Amüsiert euch,
8. Wir werden einen Ausflug machen,
9. Es war ein solcher Nebel,
10. Wir werden morgen kommen,
11. Mein Mann ist nicht mehr zufrieden,
12. Wir wollten einen Versuch wagen,

a. solange ihr jung seid.
b. wenn nichts dazwischenkommt.
c. obwohl wir die Schwierigkeiten kannten.
d. dass man keine zwei Meter sehen konnte.
e. seitdem er in dieser Fabrik arbeitet.
f. weil er nicht genug gelernt hatte.
g. bis Papa nach Hause kommt.
h. damit unser Sohn die Universität besuchen kann.
i. es sei denn, es regnet.
j. obwohl sie nicht gut vorbereite war.
k. als es plötzlich zu regnen anfing.
l. bis er kommt.

1. ..... 2. ..... 3. ..... 4. ..... 5. ..... 6. ..... 7. ..... 8. .....
9. ..... 10. ..... 11. ..... 12. .....

3. Bilden Sie Infinitivsätze*:

1. Er ist einfach gegangen. Er hat sich nicht von uns verabschiedet.

   ....

   ....

2. Unser Sohn will Arzt werden. Das hat er sich in den Kopf gesetzt.

   ....

   ....

3. Ich sollte den Brief einwerfen. Das habe ich vergessen.

   ....

   ....

4. Lass dich untersuchen. Das habe ich meinem Freund geraten.

   ....

   ....

5. Tobias hat seine Hausaufgaben nicht gemacht. Stattdessen ist er ins Kino gegangen.

   ....

   ....

6. Ich besuche diesen Kurs, damit ich mein Englisch verbessere.

....

7. Meine Tochter will in die Disko gehen. Ich habe es ihr verboten.

   ....

   ....

8. Damit ich an einer deutschen Universität studieren kann, muss ich vorher eine Sprachprüfung ablegen.

   ....

   ....

4. Ersetzen Sie den Präpositionalausdruck durch einen mit einer Konjunktion eingeleiteten Nebensatz:**

1. Wegen des schlechten Wetters konnten wir nicht mit den Arbeiten beginnen.

   ....

   ....

2. Trotz seines großen Reichtums schenkte unser Onkel uns nie etwas.

   ....

   ....

3. Durch häufiges Fehlen verpasste Peter viel Unterrichtsstoff.

   ....

   ....

4. Beim Überqueren des Zebrastreifens wurde der Schüler von einem Auto erfasst.

   ....

   ....

5. Infolge überhöhter Geschwindigkeit kam das Auto ins Schleudern.

   ....

   ....

6. Seit seiner Pensionierung sitzt mein Mann nur noch vor dem Fernseher.

   ....

   ....

7. Aufgrund seiner Krankheit war es ihm nicht möglich, an der Reise teilzunehmen.

   ....

   ....

8. Nach bestandener Fahrprüfung war unser Sohn sichtlich erleichtert.

   ....

   ....

5. Ersetzen Sie die kursiv gedruckten Teile durch einen nominalen Ausdruck:**

Beispiel: Der Professor besteht darauf, *dass die Referate pünktlich abgegeben werden.* >

Der Professor besteht auf der pünktlichen Abgabe der Referate.

1. Ich setze mich dafür ein,*dass das Gebäude wieder aufgebaut wird.*

   ....

2. Der Verteidiger fordert, *dass das Verfahren eingestellt wird.*

   ....

3. Einige Abgeordnete fordern, *dass dieser Paragraph aus dem Gesetzbuch gestrichen wird.*

   ....

4. Es ist Aufgabe der Stadt, *den Müll zu entsorgen.*

   ....

5. Ich freue mich darauf, *meine Freundin wiederzusehen.*

   ....

6. Die Zuschauer fordern, *dass der Spieler hinausgestellt wird.*

   ....

7. Der Arzt hat meinem Vater abgeraten, *an der Bergwanderung teilzunehmen.*

   ....

8. Es besteht kein Grund, *sich zu beunruhigen.*

   ....

9. Es geht darum, *die Lebensbedingungen zu verbessern.*

   ....

10. Mich würde interessieren, *wie du die Sache siehst.*

   ....

11. Das Thermometer dient dazu*, die Temperatur zu messen.*

....

12. Man müsste neue Bäume pflanzen*, um den Boden zu schützen.*

....

13. Ich verlange*, dass er sich bei mir entschuldigt.*

....

14. Das Kind will zuschauen*, wie die Kühe gemolken werden.*

....

15. Ich habe eine Stunde gebraucht*, um den Brief zu übersetzen.*

....

16. Diese günstigen Bedingungen werden dazu beitragen*, den Umsatz zu steigern.*

....

17. Wir haben uns entschlossen*, ein Kind zu adoptieren.*

....

18. *Wenn man beharrlich ist,* erreicht man oft, was man will.

....

19. *Wenn ich nur daran denke,* überläuft es mich kalt.

....

20. Diese Maßnahmen können dazu beitragen*, die internationalen Beziehungen zu verbessern.*

....

....

21. *Sobald die Ware eingegangen ist,* wird der Kunde benachrichtigt.

....

....

22. *Nachdem der Minister sich aus der Politik zurückgezogen hatte*, widmete er sich der Malerei.

....

....

6. Ersetzen Sie die kursiv gedruckten Teile durch einen verbalen Ausdruck*:

Beispiel: Ich erwarte eine sorgfältige Reparatur des Autos. > Ich erwarte, dass das Auto sorgfältig repariert wird.

1. Den Erdbebenopfern wurde von der Regierung *sofortige Hilfe* versprochen.

....

....

2. Man verdächtigte ihn *des Mordes*.

....

3. Der Psychologe hat dem Schüler *zu einem Schulwechsel* geraten.

....

4. Der Zeuge schilderte *den Hergang des Unfalls*.

....

5. Ich habe mich *über seine Zusage* sehr gefreut.

....

6. Wir erkundigten uns *nach dem Befinden des Verletzten*.

....

7. Ich kenne nicht *den Grund für sein merkwürdiges Verhalten*.

....

8. *Gartenarbeit* macht mir großen Spaß.

....

9. *Eine nochmalige Überarbeitung des Plans* ist notwendig.

....

10. *Durch hartes Training* hat er es geschafft.

....

11. Der Abgeordnete hat sich *für eine Reduzierung der Arbeitszeit um eine Stunde* ausgesprochen.

....

....

12. Ich verlange *die Rücknahme des fehlerhaften Gerätes.*

....

13. Auch meine Kollegen haben *eine zunehmende Verschlechterung des Betriebsklimas* festgestellt.

....

....

14. *Bei allem Verständnis für diese Entscheidung,* ich finde sie nicht richtig.

....

....

15. *Der Verkauf des Elternhauses* fiel uns nicht leicht.

....

16. *Die Herkunft dieses Wortes* ist weiterhin ungeklärt.

....

17. *Das Datum der Inbetriebnahme der Anlage* ist ungewiss.

....

18. *Die Beförderung von Herrn Meier zum Abteilungsleiter* war vorhersehbar.

....

....

19. Ich war *mit der Entlassung unseres Trainers* nicht einverstanden.

....

....

Kapitel 18 Die Präpositionen

1. Ergänzen Sie die fehlenden Präpositionen:

1. Mein Vater arbeitet .... VW.
2. Unsere Nachbarn sind .... Urlaub.
3. .... welcher Schule unterrichten Sie?
4. Ich habe .... dir .... Hause angerufen.
5. Ich gehe jetzt .... Hause.
6. Morgen fahren wir .... Griechenland.
7. Meine Oma lebt .... Polen.
8. Mama ist .... Hause.
9. Das Gedicht steht .... Seite 10.
10. Die Eltern von Thomas leben .... München.
11. Heute Nachmittag fahren wir .... Nürnberg.
12. .... diesem Zahnarzt muss man lange warten.
13. Wir haben ein Haus .... Mallorca.
14. Morgen fliege ich .... Ibiza.
15. Meine Großeltern leben noch in ihrem Haus .... Sizilien.
16. Wir müssen .... Null anfangen.
17. Meine Schwiegermutter saß .... meiner Rechten.
18. Jetzt können wir .... Bord gehen.
19. Silvia saß meiner Mutter ....
20. .... welcher Zeitschrift hast du den Artikel ausgeschnitten?
21. Wir gingen den Fluss ....
22. Ich sah den Einbrecher .... das Dach klettern.
23. Seine Frau ist schon .... 50.
24. Jetzt gehe ich .... mein Zimmer.
25. Der Unterricht beginnt .... 8 Uhr.

26. .... wie viel Uhr gehst du ins Büro?

27. Es sind nur noch wenige Tage .... Weihnachten.

28. Ich jogge .... jedem Wetter.

29. Was gibt es bei euch .... Weihnachten zu essen?

30. .... Pfingsten fliegen wir nach Kreta.

31. .... Ostern kommt unser Freund .... Italien .... Besuch.

32. Er sitzt schon .... drei Jahren im Gefängnis.

33. Ich habe .... 25 Jahren geheiratet.

34. Wir sehen uns heute .... acht Tagen.

35. .... 12 und 14 Uhr essen wir zu Mittag.

36. .... jenem Tag waren alle gut gelaunt.

37. .... fünf Minuten bin ich fertig.

38. Ihre Schwägerin ist .... meinem Alter.

39. .... meiner Zeit gab es das noch nicht.

40. .... Tagesanbruch machten wir uns auf den Weg.

41. .... unserem Hochzeitstag war herrliches Wetter.

42. .... fünf Minuten bin ich fertig.

43. .... Oliven macht man Öl.

44. .... so hohem Schnee können wir unmöglich weiterfahren.

45. .... Englisch spreche ich Französisch und Spanisch.

46. Er hat seine Frau .... Eifersucht umgebracht.

47. .... Tageslicht sieht man das besser.

48. .... morgen werde ich nur noch drei Zigaretten am Tag rauchen.

49. .... Dunkelheit fahre ich nicht gern Auto.

50. Mein Freund ist .... die Prüfung gefallen.

51. .... einer Prüfung bin ich immer sehr nervös.

52. .... Einbruch der Nacht will ich zu Hause sein.

53. .... Zukunft werde ich vorsichtiger sein.

54. .... drei Jahren des Zusammenlebens trennten sie sich wieder.

55. Das Museum wird .... Kürze eröffnet.

56. Ich hoffe, meine Dissertation .... zwei Jahren abgeschlossen zu haben.

57. Die Eltern haben ihrer Tochter ihr Haus schon .... ihren Lebzeiten vererbt.

58. Der Zug ist .... einer Stunde Verspätung abgefahren.

59. Er hat sie .... den Willen seiner Eltern geheiratet.

60. Meine Eltern sind schon .... 45 Jahren verheiratet.

61. Kann ich .... Karte bezahlen?

62. .... Geld kann man nichts kaufen.

63. .... deiner Hilfe habe ich die Prüfung geschafft.

64. Dieses Geschenk ist .... dich.

65. Kannst du .... Stäbchen essen?

66. .... diese Weise wirst du ihn nicht überzeugen.

67. Ich habe es .... eigenen Augen gesehen.

68. Er hat sie .... den Willen seiner Eltern geheiratet.

69. Sie empfingen uns .... offenen Armen.

70. Er spricht Deutsch .... französischem Akzent.

71. Die Erde dreht sich .... die Sonne.

72. Diese Plätze sind .... Sie reserviert.

73. Diese Handtasche ist .... echtem Leder.

74. Viele Frauen sonnten sich .... nacktem Busen am Strand.

75. Die Polizei öffnete die Tür .... Gewalt.

76. Sie hat mir ihre Geschichte .... allen Einzelheiten erzählt.

77. Ich habe es nicht .... Absicht getan.

78. .... Geduld wirst du es schaffen.
79. .... diesem Punkt sind wir uns alle einig.
80. Ich habe eine Nachricht .... meinem Anrufbeantworter.
81. Ich schlafe immer .... offenem Fenster.
82. Ich bin froh, dass ich die Prüfung .... mir habe.
83. Wir haben .... Liebe geheiratet.
84. Es ist unmöglich, ... diesem Nebel weiterzufahren.
85. Ich bin .... den zweiten Vorschlag.
86. Ich kann mich .... diesem Lärm nicht konzentrieren.
87. Mein Freund hat schon zwei Ehen .... sich.
88. Diesen Roman habe ich .... zwei Tagen gelesen.
89. Wir mussten uns .... Gesten verständigen.
90. Darf ich Ihnen .... den Mantel helfen?
91. Darf ich Ihnen .... dem Mantel helfen?
92. Wir gingen .... Zehenspitzen, um ihn nicht zu stören.
93. Ich habe die Daten .... Versehen gelöscht.
94. Ihm wurde der Führerschein .... Trunkenheit am Steuer entzogen.
95. Es regnete .... Strömen.
96. Mein Kollege kann .... gesundheitlichen Gründen nicht an der Feier teilnehmen.

2. Ergänzen Sie die folgenden Sätze:

1. Wir wohnen .... dritten Stock.
2. Heute Abend gehen wir .... Kino.
3. Heute gehen wir .... Strand.
4. Ich gehe jeden Sonntag......... Kirche.
5. Wie komme ich .... Bahnhof?

6. Ich habe .... Universität Heidelberg studiert.
7. Wir verbringen unseren Urlaub gerne .... Schwarzwald.
8. Bring den Brief bitte .... Post.
9. Ich komme gerade .... Bank.
10. Hast du das Bier .... Kühlschrank gestellt?
11. Ich habe meine Frau .... Zug kennen gelernt.
12. .... Hintergrund seht ihr das Heidelberger Schloss.
13. .... Stadion kreiste ein Hubschrauber der Polizei.
14. .... Strand sieht man viele Frauen mit nacktem Busen.
15. Das Kleid ist mir .... Schultern ein wenig weit.
16. Plötzlich kam ein Mann .... Ecke.
17. Das junge Paar ist .... Flitterwochen.
18. Ich würde gern .... Land leben.
19. Es gibt keine schönere Stadt .... Welt.
20. Kennst du den Mann .... Theke?
21. Wir müssen .... dritten Haltestelle aussteigen.
22. Papa ist .... Wohnzimmer.
23. Ich muss .... Bäcker (gehen).
24. Ich gehe um 6 Uhr .... Bad.
25. Peter ist nicht .... Klassenzimmer.
26. Ich gehe um 21 Uhr .... Bett.
27. Der Kühlschrank steht .... Küche.
28. Thomas liegt .... Bett.
29. Morgen fahren wir .... Schweiz.
30. Petra und Silvia sind .... Kino.
31. Martina ist .... Schule.
32. Das Buch liegt ....Tisch.

33. Die Katze sitzt .... Stuhl.
34. Opa sitzt .... Sessel.
35. Der alte Mann sitzt .... Bank.
36. Heute Abend gehen wir .... Theater.
37. Morgen gehen wir .... Eisstadion..
38. Eva sitzt schon .... Auto.
39. Sven will immer .... Mittelpunkt stehen.
40. Papa ist .... Arzt.
41. Gehst du gern .... Schule?
42. Oma ist .... Kirche.
43. Heute muss ich .... Markt gehen.
44. Unser Nachbar schaut den ganzen Tag .... Fenster.
45. Mein Name steht nicht .... Liste.
46. Jeden Morgen bringt mir mein Mann das Frühstück .... Bett.
47. Es ist jemand .... Telefon, der dich sprechen will.
48. .... Ecke ist ein Kiosk.
49. Heidelberg liegt .... Neckar.
50. Gehst du bitte .... Telefon?
51. Schreibt bitte nicht ....Rand.
52. Das Auto fuhr .... Baum.
53. Ich komme .... Philippinen.
54. Wir verbringen unseren Urlaub gerne .... Bergen.
55. Mein Schwager arbeitet .... Post.
56. Von dort hat man einen herrlichen Blick .... Meer.
57. Mama kommt gerade .... Frisör.
58. Ich bin .... Iran geboren.
59. Warst du schon einmal .... Niederlanden?
60. Wir wohnen .... Zentrum.

61. Der alte Mann saß .... Schatten auf einer Bank.
62. Der Drogenhändler muss für zwei Jahre .... Gefängnis.
63. Mein Mann ist geschäftlich oft .... Ausland.
64. Schreib das Wort .... Tafel.
65. Gib den Schlüssel .... Rezeption ab.
66. Von wem ist das Bild .... Wand?
67. Ich komme gerade .... Hause.
68. Wir haben .... Freien geschlafen.
69. Kannst du das Wort .... Tafel lesen?
70. Ich muss .... Klo.
71. Ich brauche Geld. Ich muss .... Bank gehen.
72. Was haben sie dir .... Rathaus gesagt?
73. Gehst du mit .... Sauna?
74. Was liegt da .... Boden?
75. Setzt euch .... Tisch!
76. Wir haben die Natur .... Haustür.
77. Ich bin auf dem Weg .... Uni.
78. Gestern saßen wir den ganzen Nachmittag ....Terrasse.
79. Die Kinder spielen .... Wiese.
80. Wir haben Plätze .... dritten Reihe.
81. Stell bitte die Bücher .... Regal zurück.
82. Ich warte auf dich .... Hotel.
83. Die Toiletten sind .... Erdgeschoss.
84. Der Lastwagen ist .... Seitenstraße gekommen.
85. Wann kommt Papa .... Büro?
86. Wir fahren immer .... Gotthard-Tunnel.
87. .... Schalter hat sich eine lange Schlange gebildet.
88. Unser Sohn geht .... Gymnasium.

89. .... Treibhaus sind viele exotische Pflanzen.
90. Ich habe das Wort nicht......... Wörterbuch gefunden.
91. .... Treppenhaus brennt noch Licht.
92. Heute sind viele Kinder .... Spielplatz.
93. Heute gehen wir .... Zoo.
94. .... Speicher steht noch eine Kiste mit Büchern.
95. .... Ferien müssen wir noch zwei Tests schreiben.
96. Wir leben .... 21. Jahrhundert.
97. Was machst du .... Nachmittag?
98. Der Radfahrer war .... Stelle tot.
99. .... Heimfahrt hatten sie einen Unfall.
100. .... Wochenende ruhen wir uns aus.
101. .... Geburt wog er 4 Kilo.
102. .... Anfang war noch alles in bester Ordnung.
103. Es war .... Zeit des 1. Weltkriegs.
104. .... Abschied kamen ihr die Tränen.
105. .... Schluss gab es noch etwas zu trinken.
106. .... Herbst werden wir für eine Woche nach Italien fahren.
107. Fährst du .... Straßenbahn?
108. Ich gehe gern......... Regen spazieren.
109. .... Frau wird nun wegen Trunkenheit .... Straßenverkehr ermittelt.
110. Ich fahre immer .... Fahrrad.
111. .... Sommer arbeitet sein Bruder immer als Kellner.
112. Ich reise gern .... Flugzeug.
113. Was trinkst du .... Pizza?
114. Setzt den Satz .... Futur.
115. Übersetze diesen Satz .... Englische!

3. Ergänzen Sie die fehlenden Präpositionen*:

1. Die Polizei hat den Dieb .... frischer Tat ertappt.
2. .... meinem großen Bedauern hat er mein Angebot nicht angenommen.
3. Ich weiß es .... zuverlässiger Quelle.
4. .... diesen Umständen kann ich nicht weiterarbeiten.
5. .... eines aufmerksamen Zeugen konnte der Räuber festgenommen werden.
6. .... vorgehaltener Hand hat er mir erzählt, was wirklich passiert ist.
7. Es ist frustrierend, ... leeren Rängen zu spielen.
8. Die Kinder waren .... Rand und Band.
9. Ich habe die Stelle .... Beziehungen bekommen.
10. Ich mache das .... Prinzip nicht.
11. Ich kann italienisches Fernsehen ...... Satellit empfangen.
12. Meine Freundin ist .... Nacht .... mir geblieben.
13. Gott sei Dank ist mein Vater noch .... guter Gesundheit.
14. Alles läuft .... Wunsch.
15. .... aller Bemühungen hatte er keinen Erfolg.
16. Ich schicke Ihnen das Angebot .... Fax.
17. Ich kenne ihn nur dem Namen ....
18. Ich schwanke .... einer Bluse und einem Rock.
19. Wir haben den Fernseher .... Kredit gekauft.
20. Sie hörten die CD .... voller Lautstärke.
21. Das geht .... Gewicht.
22. Sein Sohn lebt .... großem Fuß.
23. Die Fans schrien .... vollem Hals.
24. Die Szene wurde noch einmal .... Zeitlupe gezeigt.
25. Der Schüler bestand die Prüfung .... Ach und Krach.

26. Wir versuchten es .... gut Glück.
27. Dieses Medikament bekommt man nur .... Rezept.
28. Ich sehe dieser Sache .... gemischten Gefühlen entgegen.
29. Ordnen Sie die Wörter .... alphabetischer Reihenfolge.
30. Wir sind stolz, es .... eigener Kraft geschafft zu haben.
31. Sie haben die Abstimmung .... knapper Mehrheit gewonnen.
32. Ich habe das nur .... Spaß gesagt.
33. So konnten wir zwei Fliegen .... einer Klappe schlagen.
34. Die beiden gingen Arm .... Arm.
35. Einige Abgeordnete verließen .... Protest den Saal.
36. Sprechstunde .... Vereinbarung.
37. Er leerte das Glas .... einem Zug.
38. Man muss das Eiweiß .... Schnee schlagen.
39. Es wäre besser, den Konflikt .... diplomatischem Weg zu lösen.
40. Du sprichst .... Rätseln.
41. Sie haben sich .... gegenseitigem Einvernehmen getrennt.
42. Zurzeit bin ich .... Diät.
43. Der Junge erzählte alles, wie es war, ... Umschweife.
44. Samuel ist .... Abstand der beste Schüler der Klasse.
45. Ich habe mit ihm .... vier Augen darüber gesprochen.
46. Wir saßen .... glühenden Kohlen.
47. .... seiner Knieoperation musste unser Sohn lange ..... Krücken gehen.
48. Seine Frau gibt das Geld .... vollen Händen aus.
49. .... vieles Rauchen hat er seine Gesundheit ruiniert.

50. Die Schüler hielten sich .... Lachen den Bauch.

51. .... der hohen Arbeitslosigkeit nahm die Unzufriedenheit in der Bevölkerung zu.

52. Das Projekt kann .... Geld nicht durchgeführt werden.

53. Sie zitterten .... Kälte.

54. Der Prokurist wurde .... Unterschlagung von Firmengeldern verurteilt.

55. .... überhöhter Geschwindigkeit geriet das Auto ins Schleudern.

56. Meine Tante weinte .... Rührung.

57. Der Angeklagte wurde .... Beweisen freigesprochen.

58. Das Mädchen strahlte .... Freude.

59. Ich hatte den Brief .... Unachtsamkeit weggeworfen.

60. Mein Vater ist .... Arbeitssuche.

61. Letztes Jahr .... diese Zeit hatte ich das Buch noch nicht fertig.

62. Wir waren .... fünft.

63. Das ganze Bad stand .... Wasser.

64. Er hat kein Glück .... Frauen.

65. Nicht vordrängeln! Immer schön der Reihe ....!

66. Das ist ein Fall .... sich.

67. Was mir .... ihm gefällt, ist sein Sinn .... Humor.

68. .... sein Alter ist der Junge schon sehr reif.

69. Ich habe kein Geld .... mir.

70. .... diesem Text handelt es sich ...... eine Übersetzung .... dem Griechischen.

71. Das steht .... einem anderen Blatt.

72. Ihr Mann ist immer .... Achse.

73. Ich kenne ihn nur dem Namen ....

74. Was soll ich .... all diesem Kram?

75. .... dieser Ehe sind zwei Kinder hervorgegangen.
76. .... den Jahren verreisen wir oft.
77. .... diesem Angebot kann ich nicht nein sagen.
78. Der Prozess findet .... Ausschluss der Öffentlichkeit statt.
79. Nur .... meine Leiche!
80. Wir werden .... das Urteil Berufung einlegen.
81. Alle waren da, ... auf Matthias.
82. Du bist wohl nicht .... Verstand!
83. Das ist nicht .... meinem Geschmack.
84. Alle hatten die Hausaufgaben gemacht, ... Paul.
85. Drei .... zehn Deutschen sind dafür.
86. So erreichst du .... mir nichts.
87. Seinem Akzent .... ist er Engländer.
88. .... ihm muss man sich .... alles gefasst machen.
89. Das Wort liegt mir .... der Zunge.
90. .... Liebeskummer ist kein Kraut gewachsen.
91. Paul ist .... weitem intelligenter als sein Bruder.
92. Was können Sie .... Ihrer Verteidigung sagen?
93. .... Aussage der Ermittlungsbeamten war der Mann schon mehrmals straffällig geworden.
94. Es gehört sich nicht, ... vollem Mund zu sprechen.
95. Aller Wahrscheinlichkeit ...... wird er die Stelle bekommen.
96. .... dieser Lage ist es besser, auf die Reise zu verzichten.
97. Ich bedanke mich für die .... meines Geburtstags erhaltenen Geschenke.
98. Beilagen .... Wahl.
99. Zurzeit bin ich nicht gut .... Kasse.

100. Ich wiege .... die 90 Kilo.

101. Wir haben das .... Umwegen erfahren.

102. Mir wurde die Antwort .... Fax mitgeteilt.

103. Wir können .... Ihnen keine Ausnahme machen.

104. Wir stehen alle .... Stress.

105. Wir müssen .... Nummer sicher gehen.

106. Da haben Sie ihn .... seinem wunden Punkt getroffen.

107. Jetzt gehen die Politiker wieder .... Stimmenfang.

108. Sie hat die Führerscheinprüfung .... Anhieb geschafft.

109. .... allem Unglück hatte ich auch meinen Führerschein vergessen.

110. Der Wahlkampf ist .... vollem Gange.

111. Das werde ich ...... meine alten Tage nicht mehr machen.

112. Wir sehen uns nur einen .... den anderen Tag.

113. Ich habe den Eindruck, dass sie nicht .... offenen Karten spielen.

114. Wir haben .... aller Seelenruhe gefrühstückt.

115. Du darfst nicht alles .... bare Münze nehmen.

116. Der Kellner hat sich .... meinen Gunsten verrechnet.

117. Du solltest .... gutem Beispiel vorangehen.

118. Seine Frau nimmt kein Blatt .... den Mund.

119. Ich wäre beinahe .... Angst gestorben.

120. Unsere Mannschaft führt .... Punkten.

121. Alles ist .... Wunsch gegangen.

4. Ergänzen Sie die folgenden Sätze*:

1. Ich wusste es .... Anfang ....
2. .... Essens könntest du dein Handy auslassen.

3. Dieses schöne Theater wurde .... Jahrhundertwende erbaut.
4. Wir haben .... spät .... Nacht gearbeitet.
5. Unser Lateinlehrer kommt immer .... Läuten herein.
6. Sein Bruder ist .... einem Flugzeugabsturz .... Leben gekommen.
7. Seine Frau ist .... neuesten Mode gekleidet.
8. Dort kann man nur .... Gänsemarsch gehen.
9. Ich kenne ihn nur .... Sehen.
10. Sie haben sich ....Tränen .... Augen verabschiedet.
11. Er nimmt alles .... leichte Schulter.
12. Die Industrie befindet sich .... Aufschwung.
13. Ihre Verlobung ist .... Brüche gegangen.
14. Die Polizei tappt weiterhin .... Dunkeln.
15. Meine Frau befindet sich .... Weg der Besserung.
16. Es war Liebe .... ersten Blick.
17. Der Umsatz ist .... Vergleich .... letzten Jahr leicht gestiegen.
18. Das kannst du auch .... Wasserbad kochen.
19. Dieses Buch habe ich .... halben Preis gekauft.
20. Wir sind nur .... Durchreise.
21. Dieser Ausdruck wird nur .... übertragenen Sinn gebraucht.
22. Er redete .... Stegreif.
23. Unser Lehrer spricht .... Nase.
24. Sie hat ihm .... Blume gesagt, dass sie an einer Beziehung mit ihm nicht interessiert sei.
25. Der Junge zitterte .... ganzen Körper.
26. Diesmal versuchte er es .... sanfte Tour..
27. Mein Sohn weint .... geringsten Kleinigkeit.
28. Ich wache .... geringsten Geräusch auf.

29. Er steht .... Rücken .... Wand.
30. Das kannst du dir .... Kopf schlagen.
31. Der Schaden geht .... Tausende.
32. Wer ist .... Reihe?
33. Heutzutage sind Banküberfälle .... Tagesordnung.
34. .... Fensterbank steht eine schöne Orchidee.
35. Wir hoffen, dass er .... Vernunft kommt.
36. Der Fahrer saß 15 Stunden .... Unterbrechung .... Lenkrad.
37. Die Firma steht .... Rande des Bankrotts.
38. Wir leben gern .... Kontakt .... Natur.
39. Ich möchte lieber ein Bier .... Fass.
40. Ich nehme dich .... Wort.
41. Mario liegt immer noch seinen Eltern .... Tasche.
42. Was trinkst du .... Fisch?
43. Wir sind .... Regen .... Traufe gekommen.
44. Das gibt es nicht .... Nulltarif.
45. Das steht nicht .... Programm.
46. Maja-Frauen haben .... Durchschnitt sieben Kinder.
47. Viele Menschen leben .... Rande der Gesellschaft.
48. Das Schlimme .... Sache ist, dass ich nichts für ihn tun kann.
49. .... Schach ist mein Bruder unschlagbar.
50. Er will immer .... Kopf .... Wand.
51. Der Mann ist wie .... ein Wunder .... Leben davongekommen.
52. Beinahe wäre das Kind .... Straßenbahn gekommen.
53. Dieser Supermarkt hat rund .... Uhr geöffnet.
54. Der Prozess wird sich .... Länge ziehen.
55. Diese Tierart ist .... Aussterben bedroht.

56. Wenn ich .... obersten Stock ankomme, bin ich ganz .... Atem.
57. Passen Sie auf! Seien Sie .... Hut.
58. Es ist ein Streit .... Kaisers Bart.
59. .... Physik ist er gut, aber .... Rechtschreibung steht er .... Kriegsfuß.
60. Das war ein Schlag .... Wasser.
61. Alles lief wie .... Schnürchen.
62. Ich glaube, da sparst du .... falschen Ende.
63. Er liest ihr jeden Wunsch .... Augen ab.
64. Man muss .... Zeit gehen.
65. Es ist immer das Gleiche. Er muss immer .... Rolle fallen.
66. Das haben wir .... Nu erledigt.
67. Das habe ich .... eigenen Leib erfahren.
68. Das Wasser reichte mir .... Hüfte.
69. Entschuldigung, ich bin .... Takt gekommen.
70. Das Verb steht .... Passiv.
71. .... Trost hat das Mädchen ein kleines Geschenk bekommen.
72. Das Glas war .... Rand voll.
73. Dafür muss man ihn .... Rechenschaft ziehen.

5. Ergänzen Sie die folgenden Sätze*:

1. Mehrere Abgeordnete sind .... diesen Skandal verwickelt.
2. Ich bin .... dieser Stelle interessiert.
3. Fabienne ist .... ihre Schwester sehr eifersüchtig.
4. Diese Bauweise ist typisch .... diese Gegend.
5. Ich bin .... den Leistungen Ihres Sohnes überhaupt nicht zufrieden.

6. Leider bin ich .... meinen Eltern noch finanziell abhängig.
7. Meiner Meinung nach ist er .... diese Tätigkeit nicht geeignet.
8. Diese Äußerung ist symptomatisch .... seine Denkweise.
9. Ich bin .... Katzenhaare allergisch.
10. Unser Sohn ist gut .... Latein.
11. Unsere Tochter ist .... einem Türken verheiratet.
12. Mein Mann ist .... Geographie beschlagen.
13. Diese Gegend ist .... ihre guten Weine berühmt.
14. Alle meine Kinder sind schwach .... den naturwissenschaftlichen Fächern.
15. Sie ist .... Mark schwanger.
16. Der Boden ist arm .... Nährstoffen.
17. Dieser Junge ist .... allem fähig.
18. Gute Englischkenntnisse sind .... diese Tätigkeit unerlässlich.
19. Warum bist du .... deinen Bruder neidisch?
20. Ich bin .... sie verliebt.
21. Diese Früchte sind reich .... Vitaminen.
22. Sie lebt seit drei Jahren .... ihrem Mann getrennt.
23. Warum bist du .... deinem Leben unzufrieden?
24. Dieses Verhalten ist bezeichnend .... seinen Egoismus.
25. Rauchen ist .... die Gesundheit schädlich.
26. Wir sind .... unseren Sohn sehr stolz.
27. Diese Informationen sind nicht .... jedermann zugänglich.
28. Dieses Geschäft ist .... Damenhosen spezialisiert.
29. Um ein Volk gut zu kennen, muss man .... seinen Sitten und Gebräuchen vertraut sein.

30. Sie ist .... Komplimente empfänglich.
31. Ich kann mich nicht beklagen. Mir .... ist er immer freundlich.
32. Wir sind .... Ergebnis sehr enttäuscht.
33. Die Mädchen sind ganz verrückt .... ihm.
34. Alle waren .... Konzert begeistert.
35. Diese Lebensmittel sind frei .... Gluten.
36. Der Weg verläuft parallel .... Fluss.
37. Adriana ist .... Jochen verlobt.
38. Euer Sohn ist .... allen höflich.
39. Der alte Mann ist .... Hilfe angewiesen.
40. .... wen ist der Brief adressiert?
41. Wir sind .... jede Unterstützung dankbar.
42. Sie ist schon lange .... ihrem Mann geschieden.

6. Ergänzen Sie die folgenden Sätze*:

1. Dein Englischlehrer beklagt sich .... dein Benehmen.
2. Wie hat dein Chef .... deinen Vorschlag reagiert?
3. Wer kümmert sich .... die Kinder?
4. Du brauchst dich .... niemandem zu verstecken.
5. Ich appelliere .... deinen gesunden Menschenverstand.
6. Gehen wir .... einem anderen Thema über.
7. Ich hänge noch finanziell .... meinen Eltern ab.
8. Wir müssen uns .... das Notwendigste beschränken.
9. Hör .... dem Unsinn auf!
10. Hat deine Mutter sich .... das Geschenk gefreut?
11. Du musst dich .... die Vorschriften halten.
12. Heute Nacht habe ich .... Maria geträumt.

13. Ich zweifle nicht .... seinem guten Willen.
14. Das hängt .... mehreren Umständen ab.
15. .... welche Länder grenzt Deutschland?
16. Leider verfügen wir nicht .... die notwendigen Mittel.
17. Ich habe ihn .... seinem Gang erkannt.
18. Sein Vater ist vor drei Jahren .... Leberzirrhose gestorben.
19. Hoffen wir .... bessere Zeiten!
20. Dieses Fenster geht .... Hof.
21. Ich richte mich ganz .... Ihnen.
22. Alle Schüler nehmen .... Austausch teil.
23. Ich werde mich .... dieser Angelegenheit nicht äußern.
24. Juan hat sich .... meine Schwester verliebt.
25. Ich denke gerade .... meine Eltern.
26. Die Kosten belaufen sich .... 10.000 Euro.
27. Ich kann und will nicht .... meine Rechte verzichten.
28. Hat jemand .... mir gefragt?
29. Ich interessiere mich besonders .... slawische Sprachen.
30. Der Zeuge kann sich nicht .... das genaue Datum erinnern.
31. .... wen wartest du?
32. Entschuldigung, ich habe mich .... Tür geirrt.
33. Ich möchte dich .... einen Gefallen bitten.
34. Sie können sich jederzeit .... mich wenden.
35. Hier wimmelt es .... Ameisen.
36. Ich kenne mich .... diesen Dingen nicht aus.
37. Dieses Buch ist .... dem Amerikanischen übersetzt.
38. Der Minister will nicht .... seinem Amt zurücktreten.
39. Sie gehen .... falschen Voraussetzungen aus.

40. Glaubst du .... Gott?
41. Halten wir uns nicht .... Einzelheiten auf!
42. Du müsstest dich .... ihm entschuldigen.
43. Mein Vater ärgert sich .... jede Kleinigkeit.
44. Die Bluse passt gut .... deinem Rock.
45. Der Arzt hat mir .... dieser Reise abgeraten.
46. Was verlangst du .... mir?
47. Ich gratuliere dir .... deiner Beförderung.
48. Es fehlt ihm .... Humor.
49. Ich sorge .... die Getränke.
50. Ich hatte ihn .... der Gefahr gewarnt.
51. Diese Suppe schmeckt .... nichts.
52. Ich leide .... schlechten Betriebsklima.
53. Du musst .... Knopf drücken.
54. Morgen stimmt das Parlament ....Gesetzentwurf ab.
55. Wir haben .... 20 Euro gewettet.
56. Wie soll man .... Problem herangehen?
57. Die Dokumente gehen .... 13. Jahrhundert zurück.
58. Alle müssen .... Lösung dieses Problems beitragen.
59. .... Diskussion haben viele Fachleute teilgenommen.
60. Ich beschränke mich .... Notwendigste.
61. Man muss sich .... Regeln halten.
62. .... wen muss ich mich wenden?
63. Ich werde mich .... Ihrem Vorgesetzten .... Sie beschweren.
64. Was versteht man .... Nepotismus?
65. Ich habe mich noch nicht .... Klima gewöhnt.

66. Ich freue mich .... Reise im nächsten Monat.
67. Ein Herr Müller hat .... Ihnen gefragt.
68. Ich muss mich .... Prüfung vorbereiten.
69. Seine Mutter ist .... Krebs gestorben.
70. Ich werde mich .... einen Englisch-Kurs einschreiben.
71. .... seine Anwesenheit lege ich keinen Wert.
72. Ich beziehe mich .... Ihr Schreiben vom 14.11.2016.
73. Du musst .... korrekte Kleidung achten.
74. Wir engagieren uns .... Umweltschutz.
75. Die Diskussion ist .... einen Streit ausgeartet.
76. Herr Maier handelt .... Gebrauchtwagen.
77. Wir werden .... diesen Punkt noch einmal zurückkommen.
78. Ich hoffe .... eine Anstellung.
79. Wir versuchen .... Strom zu sparen.
80. Er hat .... das falsche Pferd gesetzt.
81. Sie lästert immer .... ihren Chef.
82. Der Verteidiger beruft sich .... das Grundgesetz.
83. .... solchen Kleinigkeiten gebe ich mich nicht ab.
84. Konzentrier dich .... das Wesentliche.
85. Er wollte sich .... seinem Rivalen rächen.
86. Das verstößt .... die Vorschriften.
87. Hör auf .... Fingern zu schnippen!
88. Begnüg dich .... dem, was du hast.
89. Machen wir uns .... Arbeit!
90. Ich pfeife .... seine Ratschläge!
91. Unser Lateinlehrer macht sich .... unsere Englischlehrerin heran.
92. Er hat ein hübsches Mädchen .... Tanz aufgefordert.

93. Da ihr den Stoff noch nicht beherrscht, verschieben wir die Arbeit .... nächste Woche.

94. Wir müssen das Treffen .... eine Woche verschieben.

7. Ergänzen Sie die fehlenden Präpositionen (+ Artikel)*:

1. der Stolz .... erbrachte Leistungen
2. der Mord .... J.F. Kennedy
3. die Liebe .... Detail
4. der Kampf .... Überleben
5. die Anstiftung .... Mord
6. der Hass .... Andersdenkende
7. der Zweifel .... Rechtmäßigkeit
8. Vorwort .... 2. Auflage
9. die Sorge .... Demokratie
10. das Interesse .... Fremdsprachen
11. die Teilnahme .... Feier
12. ein Hindernis .... Fortschritt
13. die Zufahrt .... Baustelle
14. der Aufruf .... Streik
15. die Zugehörigkeit .... einer Partei
16. die Reaktion .... Angriff
17. der Verzicht .... Erbe
18. die Anwendung .... Gewalt
19. der Überfall .... einen Touristen
20. die Antwort ....Brief
21. das Attentat .... Martin Luther King
22. die Ernennung .... Präsidenten
23. der Anreiz .... Studium
24. die Befähigung .... Unterricht

25. ein Beitrag .... Lösung des Problems
26. das Bedürfnis .... Zärtlichkeit
27. der Mangel .... Geld
28. die Angst .... Altersarmut
29. der Schlüssel .... Erfolg
30. ein Überschuss .... Waren
31. die Suche .... Wahrheit
32. das Angebot .... Parkplätzen
33. die Hoffnung .... Besserung
34. der Geruch .... Gas
35. der Gedanke .... Tod
36. der Grund .... Entlassung
37. die Erinnerung .... Jugendzeit
38. die Mitwirkung .... Organisation
39. das Gesetz .... Bekämpfung des Drogenmissbrauchs
40. ein Denkmal .... Opfer der beiden Weltkriege
41. die Bewerbung .... einen Arbeitsplatz
42. die Sehnsucht .... Liebe
43. der Respekt .... Lehrkräften
44. der Wunsch .... Frieden
45. die Verantwortung .... Niederlage.
46. die Bereitschaft .... Versöhnung
47. die Freude .... Lernen
48. die Abstimmung .... Antrag
49. die Beziehung .... Nachbarstaaten
50. die Jagd .... Terroristen
51. die Beschränkung ....Wesentliche
52. die Zustimmung .... Vorschlag
53. die Abkehr .... Kommunismus

54. der Schutz .... Krankheit
55. das Recht .... freie Meinungsäußerung
56. das Vertrauen .... Politik
57. die Beschäftigung .... Literatur
58. die Wiedereingliederung .... Gesellschaft
59. ein Vortrag .... moderne Malerei
60. das Verständnis .... heutige Jugend
61. ein Medikament .... Husten
62. der Verdacht .... Lungenentzündung
63. die Schuld .... Unglück
64. der Vorrat .... Lebensmitteln
65. die Kontrolle .... Fahrzeug
66. die Aussicht .... Erfolg
67. die Begierde .... Reichtum
68. der Hunger .... Ruhm
69. der Ausschluss .... Partei
70. die Abhängigkeit .... Drogen
71. die Begabung .... Musik
72. ein Verstoß .... Regel
73. die Alternative ....dieser Lösung
74. die Anspielung .... seinen Alkoholkonsum
75. der Hang .... Übertreibung
76. die Ausnahme .... Regel
77. der Beweis .... seine Unschuld
78. die Aufforderung .... Widerstand
79. die Bereitschaft .... Versöhnung
80. die Abkehr .... Glauben
81. der Eingang .... Höhle
82. der Beitritt .... dieser Partei

Kapitel 19 Die indirekte Rede

1. Setzen Sie folgende Sätze in die indirekte Rede*:

1. „Ich weiß es nicht."

   Der Schüler sagte, dass ....

2. „Ich habe die Frage nicht verstanden."

   Der Schüler sagte seinem Lehrer, ...

   ....

3. „Wir haben den Film schon dreimal gesehen."

   Die Mädchen sagten, ...

   ....

4. „Ich werde nur in Anwesenheit meines Anwalts sprechen."

   Die Frau erklärte, ...

   ....

5. „Wir werden dir helfen."

   Meine Freunde versprachen, ...

   ....

6. „Ich bin mit meinem Leben zufrieden."

   Der Mann sagte, ...

7. „Die Sache liegt mir sehr am Herzen."

   In dem Brief schreibt die Mutter, dass ....

   ....

8. „Ich werde mich von meinem Mann scheiden lassen, wenn er sich nicht von seiner Geliebten trennt."

   Die Frau erklärte, ...

   ....

9. „Ich habe die Frau überfallen, weil ich drogenabhängig bin und Geld gebraucht habe, um mir Heroin zu beschaffen."

   Der Angeklagte sagte, ...

   ....

   ....

10. „Ich werde alles unternehmen, um die Schwierigkeiten zu beseitigen, die entstanden sind."

    Der Minister hatte erklärt, ...

    ....

11. „Wenn ihr euch schlecht benehmt, gibt es Ärger."

    Der Lehrer sagte seinen Schülern, ...

    ....

12. „Ich werde dir Bescheid geben, sobald ich ich die nötigen Informationen habe."

    Der Kollege sagte mir, ...

    ....

13. „Wenn ich ein Kind bekomme, werde ich aufhören zu arbeiten, aber falls es ein finanzielles Problem gibt, werde ich wieder arbeiten."

    Sandra sagte neulich, ...

    ....

    ....

14. „Das ist nicht auf deinem Mist gewachsen."

    Der Lehrer schrieb ihm auf das Blatt, ...

    ....

15. „Ich werde euch anrufen, sobald ich in Paris ankomme."

    Unser Sohn hatte uns versprochen, ...

    ....

16. „Machen Sie sich keine Sorgen!"

Der Direktor sagte den Eltern, dass ....

....

17. „Ich werde euch eine schöne Geschichte erzählen, wenn ihr versprecht, brav zu sein, und wenn ihr dann, ohne zu weinen, ins Bett geht."

Die Oma sagte ihren Enkeln, ...

....

....

18. „Hören Sie mit dem Rauchen auf!"

Der Arzt hatte meinem Mann mehrmals gesagt, ...

....

19. „Bitte fahren Sie schneller, weil ich so schnell wie möglich den Flughafen erreichen muss; sonst werde ich meinen Flug nach London verpassen."

Der Fahrgast bat den Taxifahrer, ...

....

....

20. „Ich bin mit 18 Jahren schwanger geworden."

Die Frau erzählte, dass ....

21. „Ich habe so reagiert, weil ein Mitschüler mich beleidigt hat."

Der Junge sagte, ...

....

22. „Wir haben dich nicht gesehen."

Sie antworteten, ...

23. „Ich bin mir ganz sicher, dass es der Regierung gelingen wird, dieses Problem in den Griff zu bekommen.“

Der Minister erklärte, ...

....

....

24. „Wir haben kein Geld.“

Die Eltern sagten, dass ....

25. „Meiner Schwester geht es wieder besser.“

Petra sagte, dass ....

26. „Ich würde gern in Urlaub fahren, aber ich kann es mir nicht leisten.“

Mein Nachbar erklärte, ...

....

27. „Wir kommen zur Geburtstagsfeier.“

Gisela und Klaus sagten, ...

....

28. „Ich habe es nicht absichtlich getan.“

Er wird sagen, ...

29. „Du musst dich täuschen.“

Ich habe ihm gesagt, dass ....

30. „Vergiss nicht, deine Mutter anzurufen.“

Ich habe ihm gesagt, ...

....

31. „Ich werde weiterhin schreiben, solange ich lebe."

Der Autor sagte, ...

....

32. „Wir werden nur standesamtlich heiraten."

Manuel und Carmen sagten, ...

....

33. „Verzeih mir, es wird nicht mehr geschehen."

Er sagte mir unter Tränen, ...

....

34. „Es ist das beste Modell, das es auf dem Markt gibt."

Der Verkäufer sagte, ...

....

35. „Solange du keine 18 bist, fährst du nicht allein in die Ferien."

Der Vater sagte zu seiner Tochter, ...

....

36. „Du hast Fortschritte gemacht."

Mein Mathelehrer hat mir gesagt, dass ....

....

37. „Ich werde in der nächsten Woche verreisen."

Er hatte uns gesagt, dass...

....

38. „Ich wusste das damals nicht."

Der Verkäufer versicherte mir, dass ....

....

39. „Du hast etwas gegen mich.“

Mein Klassenkamerad sagte, ...

....

40. „Wir werden uns um die Angelegenheit kümmern.“

Ich antwortete meinem Freund, ...

....

41. „Ich kann heute nicht zur Arbeit kommen, weil ich eine Darmgrippe habe.“

Frau Meier hat angerufen, ...

....

42. „Wir können uns diesen Fehler nicht erklären.“

Ich sagte ihm, ...

43. „Das darf keine Rolle spielen.“

Mein Chef meinte, dass ....

44. „Es ist besser, ihm nichts zu sagen.“

Meine Mutter war der Ansicht, ...

....

45. „Ich werde die Prüfung bestehen.“

Martina glaubt, ...

46. „Ich habe den Räuber aus der Bank rennen sehen.“

Der Zeuge berichtete, ...

....

47. „Wir sind mit dieser Lösung zufrieden.“

Meine Eltern sagten, dass ....

....

48. „Ich will mit diesem Menschen nichts mehr zu tun haben.“

Meine Freundin erklärte, ...

....

49. „Ich muss einen Arzt aufsuchen.“

Mein Vater meinte, ...

50. „Ich kann mir nicht sicher sein, dass er sein Wort halten wird, weil er mich schon mehrere Male enttäuscht hat; daher habe ich vor, mich selbst um die Angelegenheit zu kümmern.“

Meine Schwester sagte, ...

....

....

....

51. „Ich werde dir die Summe leihen, die du benötigst, wenn du mir versprichst, das Geld für den von dir genannten Zweck zu verwenden.“

Mein Onkel antwortete, ...

....

....

52. „Die Kriminalität würde abnehmen, wenn man die Droge legalisieren würde.“

Der Staatsanwalt behauptete, ...

....

53. „Die Mechaniker sind gegangen und werden erst morgen wiederkommen.

Ein Angestellter der Tankstelle hatte mir damals gesagt, ...

....

....

2. Verwandeln Sie die direkte Frage in eine indirekte Frage:

1. Wer hat das gesagt?“

   Ich weiß nicht, ...

2. Warum lassen sie sich scheiden?

   Sie hat mir nicht gesagt, ...

3. Wie soll das gehen?

   Ich kann mir nicht vorstellen, ...

4. Wo ist die Blücherstraße

   Können Sie mir sagen, ...

5. Wem gehört diese Tasche?

   Ich kann dir nicht sagen, ...

6. Wen haben sie noch eingeladen?

   Ich weiß nicht, ...

7. Wie hat er die Prüfung geschafft?

   Es würde mich interessieren, ...

8. Mit wem warst du aus?

   Sie will mir nicht sagen, ...

9. Was bedeutet das?

   Ich weiß nicht, ...

10. Wie kann ich dir helfen?

    Ich fragte sie, ...

11. Wer hat meine Erdnüsse gegessen?

    Ich möchte gerne wissen, ...

12. Was ist Liebe?

    Weißt du, ...

13. Wo bist du gewesen?

    Meine Mutter fragte mich, ...

14. Wer wird den Kampf gewinnen?

Ich bin gespannt, ...

15. Wohin soll ich gehen?

Ich weiß nicht, ...

16. Wie geht eine Power-Point-Präsentation?

Kannst du mir erklären, ...

17. An welcher Haltestelle muss ich aussteigen?

Ich erinnere mich nicht mehr, ...

18. Wessen Auto ist das?

Der Polizist wollte wissen, ...

19. Wo ist meine Brille hingekommen?

Kannst du mir sagen, ...

20. Von welchem Bahnsteig fährt der Zug ab?

Weißt du, ...

21. Sind Sie bereit, diese Aufgabe zu übernehmen?

Mein Chef fragte mich, ...

....

22. Habt ihr vor, euer Haus zu verkaufen?

Unsere Nachbarn wollten wissen, ...

....

23. Können Sie gut Englisch?

Der Personalchef fragte mich, ...

24. Wann ist dieses Gesetz in Kraft getreten?

Weißt du, ...

25. Gibt es keine andere Möglichkeit?

Er fragte ihn, ...

26. Wo kann man das kaufen? Weißt du das?

Sie fragte mich, ...

Kapitel 20 Die Satzstruktur

1. Bilden Sie Sätze:

1. wir – vor dem Kino – sich treffen – um 20 Uhr – morgen (Präs.)

   ....

2. ich – dieses Jahr – zum Geburtstag – eine Halskette – meine Frau – schenken (Perfekt)

   ....

   ....

3. verbringen – wir – auf Mallorca – unser Urlaub – nächstes Jahr (Futur)

   ....

   ....

4. der Text – der Student – übersetzen – ins Französische – aus dem Englischen – müssen (Präteritum)

   ....

   ....

5. der Regierung – von der Opposition – der Vorschlag – ablehnen (Plusquamperfekt)

   ....

   ....

6. von Jugendlichen – Videospiele – das aggressive Verhalten – beeinflussen? (Präsens)

   ....

   ....

7. seine Mitarbeiter – man – auf – können – müssen – sich verlassen (Präsens)

   ....

   ....

8. ich – zur Schule – jeden Morgen – mit meinem Freund Thomas – fahren – mit dem Bus (Präteritum)

....

....

9. das Feld – verweisen – schwer – der Spieler – nach dem Foul (Plusquamperfekt)

....

10. der Diebstahl – bezichtigen – man – er (Präteritum)

....

11. um 2% - beschließen – die Erhöhung – nächstes Jahr – die Mehrwertsteuer – das Parlament (Futur)

....

....

12. schwierig – gewachsen – der Minister – diese Aufgabe - sein? (Futur)

....

13. in Betrieb – können – wann – nehmen – der Berliner Flughafen (Futur)

....

14. alt – die Frau – die Handtasche – entreißen – ein Drogenabhängiger (Perfekt)

....

15. versuchen – das Projekt – der Investor – die Wichtigkeit – der Gemeinderat – überzeugen (Präteritum)

....

....

16. müssen – von dem Schornsteinfeger – überprüfen – alle zwei Jahre – die Heizung (Präsens)

....

....

2. Setzen Sie die kursiv gedruckten Satzteile an den Satzanfang.

1. Ich habe *Maria* nichts gesagt.

 ....

2. Ihr Mann raucht *zwei Schachteln Zigaretten* täglich!

 ....

3. Wir haben nicht *über Geschäfte* gesprochen.

 ....

4. Ich habe noch nie *so eine Küche gehabt*.

 ....

5. Ich würde *ihm* nie vertrauen.

 ....

6. Sie sind schon um fünf Uhr *abgefahren.*

 ....

7. Ich hatte genug *gelernt*.

 ....

8. Ich *kann*, aber ich will nicht.

 ....

9. Die Krankenkasse zahlt *das* nicht.

 ....

10. Du willst *Arzt* werden?

 ....

11. Ein Spaziergänger hat die Leiche *entdeckt*.

 ....

Kapitel 21 Fehlersuche

Finden Sie die versteckten Fehler:

1. Haben dir die Spargeln gefallen? (im Restaurant)

   ....

2. Der Lehrer hat die Aufgabe mir noch einmal erklärt.

   ....

3. Dieser Satz habe ich nicht verstanden.

   ....

4. Dort gibt es ein großer Parkplatz.

   ....

5. Hast du Herr Müller schon gefragt?

   ....

6. Peter's Auto gefällt mir.

   ....

7. Onkel Karl ladet uns oft zum Essen ein.

   ....

8. Seit ihr von das Hotel zufrieden?

   ....

9. Meine Schwestern und Brüdern leben in Mallorca.

   ....

10. Wem hast du angerufen?

    ....

11. In diesem Lärm kann ich nicht lernen.

    ....

12. Heute ich habe nicht Lust zu arbeiten.

    ....

13. Herbst beginnt in September.

    ....

14. Davon habe ich Angst.

....

15. Ich bin aus den Wolken gefallen.

....

16. Wir haben es Frau Bertram unsere Deutschlehrerin gesagt.

....

17. Mein Kollege scheidet sich von seiner Frau.

....

18. Mit diesem Wetter habe ich zu Hause geblieben.

....

19. Ich habe zwei Praktikums gemacht.

....

20. Meine Freundin kommt von Türkei.

....

21. Ich gebe die Bücher den Schülerinnen.

....

22. Sag mir es!

....

23. Diese Frucht ist reich in Vitamine.

....

24. Du bist ganz weiß. Bist du schlecht?

....

25. Das Gold ist teurer als das Silber.

....

26. Das ist zu viel verlangen.

....

27. Die Frau in dem Foto ist meine Schwester.

....

28. Ich möchte eine andere Bierflasche.

....

29. Wir haben den Zug verloren.

....

30. Heute Nacht habe ich mit Sonja geträumt.

....

31. Ich muss noch viele Worte lernen.

....

32. Mein Freund lernt mich deutsch.

....

33. Der Bus ist mir unter der Nase weggefahren.

....

34. Haben Sie gute Reise gemacht?

....

35. Ich bin nicht gestern geboren.

....

36. Mache ich das Fenster auf?

....

37. Sie sagen, er ist reich.

....

38. Diese Schuhe haben lange gedauert.

....

39. Werf das weg!

....

40. Ich sehe ihn in fünfzehn Tagen.

....

41. Sie haben ein neue Präsident.

....

42. Warum hast du mir gelügt?

....

43. Ich habe nicht gekonnt das machen.

....

44. Mehr er hat, mehr er will.

....

45. Bewerb dich doch um die Stelle!

....

46. Was für eine Farbe ist dein Auto?

....

47. Ich mache nicht das.

....

48. Wie viel hast du das Bild bezahlt?

....

49. Ich habe kalt.

....

50. Mutter bratet ein Hähnchen.

....

51. Alle Speisen auch zum mitnehmen.

....

52. Sie hat meine Frage nicht geantwortet.

....

53. Kannst du mir begleiten?

....

54. Das war ein teueres Vergnügen.

....

55. Hälst du mal meine Tasche?

....

56. Die Kaufmänner waren mit dem Geschäft zufrieden.

....

57. Die Schuhe kosten teuer.

....

58. Das ist das Kleid, was ich gestern gekauft habe..

....

59. Ein solches Verhalten ist unakzeptabel.

....

60. Er spricht nicht nur französisch sondern auch russisch.

....

61. Sie schwörten, nichts davon gewusst zu haben.

....

62. Das ist meinem Bruder sein Auto.

....

63. Seine Eltern haben ein Haus in Kreta.

....

64. Mama hat etwas gutes gekocht.

....

65. Das ist einem Arzt nicht würdig.

....

66. Man muss sich diesem Problem annehmen.

....

67. Spiel nicht den Held!

....

68. Das ist das einzigste, das ich mir leisten kann.

....

69. Pass auf, tret nicht auf den Kuchen!

....

70. Wer hat das Poster dort hingehangen?

....

Lösungen

Kapitel 1

1. **1. Spalte:** die Erde, der Löffel, das Mädchen, der Hof, die Gesellschaft, die Gabel, der Finger, das Handy, die E-Mail, das Visum, der Boden, der Ausweis, die Haltestelle, der Zug, die Apotheke, das Meer, die Bank, das Angebot, das Geld, das Stadion, die Firma, das Bier, das Interesse, der Stuhl, der Kiosk, der Erfolg, das Wochenende, das Kleid, der Überfall, der Stern, das Radio, der Mond, das Praktikum, der Wald, der Tunnel, das Volk, das Brett, das Kissen, das Fach, die Armut, der Keller, der Schatten, das Rind, der Deckel, der Grund; **2. Spalte:** die Zeitung, der Schrank, die Brücke, das Obst, die Art, das Handtuch, das Ergebnis, das Geschäft, die Tafel, der Bus, das Hotel, der Brief, der Automat, das Leben, der Unterricht, das Geschenk, die Post, die Zahl, die Krankheit, die Kurve, die Ecke, der Nebel, der Wunsch, der Satz, die Höhe, das Problem, der Berg, der Schalter, die Gruppe, die Hose, die Ärztin, die Lampe, die Kritik, der Skandal, das Eisen, der Vogel, der Ofen, der Reichtum, der Schaden, das Salz, das Knie, der Weg, die Kraft, die Garage, der Streik; **3. Spalte:** die Übung, der Urlaub, die Schule, das Regal, der Eingang, das Bett, der Eimer, das Fenster, das Buch, das Taxi, die Seife, die Antwort, das Büro, die Universität, der Strand, die Kirche, die Hand, der Dieb, das Alter, die Welt, der Regen, das Land, der Sessel, der Vorschlag, das Jahr, der Baum, der Rock, die Angst, die Sonne, die Insel, der Anzug, das Internet, der Planet, das Zeichen, das Kraut, der Fleck, das Tal, das Gras, das Feld, der Traum, das Dach, der Pfad, das Werk, der Schmerz, das Pfund

2. **1. Spalte:** die Schüler, die Bücher, die Ärzte, die Mädchen, die Zeitungen, die Frauen, die Brüder, die Menschen, die Kartoffeln, die Blumen, die Fenster, die Hotels, die Gläser, die Computer, die Firmen, die Handys, die Krankheiten, die Gabeln, die Eier, die Stühle, die Stunden, die Taschen, die Küsse, die Schritte, die Zeugnisse, die Tests/Teste, die Morde, die Geschäfte, die Freundinnen, die Gesetze, die Angebote, die Busse, die Fälle, die Bananen, die Hefte, die Fächer, die Schmerzen, die Wege, die Bälle, die Tore, die Pfade, die Kräfte, die Treppen, die Wände, die Preise, die Schachteln, die Vögel, die Bäume, die Sessel, die Pflanzen, die Onkel [ugspr. auch Onkels], die Eingänge, die Blätter, die Hühner, die Strümpfe, die Wege, die Räume, die Käfer, die Hügel, die Gräber. **2. Spalte:** die Gäste, die Kunden, die Kinder, die Männer, die Ergebnisse, die Schwestern, die Vorschläge, die Sprachen, die Probleme, die Häuser, die Spargel, die Regale, die Schränke, die Äpfel, die Türen, die Lehrerinnen, die Flaschen, die Messer, die Servietten, die Zeiten, die Tische, die Bleistifte, die Gesetze, die Bänke, die Blätter, die Parks, die Völker, die Regeln, die Büsche, die Unfälle, die Rechnungen, die Züge, die Hunde, die Zäune, die Felder, die Knie, die Bands, die Eingänge, die Schirme, die Märkte,

die Löcher, die Früchte, die Vorhänge, die Dosen, die Griffe, die Pferde, die Seiten, die Gräser, die Dächer, die Koffer, die Täler, die Adressen, die Lieder, die Knöpfe, die Ränder, die Artikel, die Wölfe, die Mittel, die Lücken, die Geiseln

3. 1. Spalte: die Parteien, die Materialien, die Praktika, die Museen, die Kommas/Kommata, die Praxen, die Melodien, die Krypten, die Fakten, die Globen/Globusse, die Traumata/Traumen, die Stadien, die Aquarien, die Visa/Visen, die Modi, die Atlasse/Atlanten, die Zentren, die Viren, die Lexika/Lexiken, die Tempora, die Bänder, die Dramen, die Altbauten, die Partikeln, die Generäle/ Generale, die Kaufleute; **2. Spalte:** die Typen, die Bände, die Tipps, die Säle, die Mosaiken/ Mosaike, die Villen, die Kartons/[seltener] Kartone, die Adverbien, die Indizien, die Fresken, die Nomina/Nomen, die Tresore, die Konten/ (selten) Kontos/Konti, die Genera, die Kliniken, die Prinzipien, die Daten, die Genies, die Kasus (mit langem u zu sprechen), die Balkons/ Balkone, die Zyklen, die Termini, die Portraits, die Gelder, die Konsuln, die Staatsmänner

Kapitel 2

1. des Kind(e)s, dem Kind, das Kind; der Freund, des Freund(e)s, den Freund; des Menschen, dem Menschen, den Menschen; die Ananas, der Ananas, die Ananas; das Land, des Land(e)s, dem Land; die Freundin, der Freundin, die Freundin; des Joghurt(s), dem Joghurt, den Joghurt; des Globus/Globusses, dem Globus, den Globus; die Kinder, den Kindern, die Kinder; die Frauen, der Frauen, den Frauen; des Autos, dem Auto, das Auto; das Problem. des Problems, das Problem; der Männer, den Männern, die Männer; das Buch, des Buch(e)s, dem Buch; die Töchter, den Töchtern, die Töchter; der Söhne, den Söhnen, die Söhne; das Hotel, des Hotels, dem Hotel; des Jahr(e)s, dem Jahr, das Jahr; die Küche, der Küche, die Küche; der Zeitung, der Zeitung, die Zeitung; der Sessel, des Sessels, dem Sessel; des Tourismus, dem Tourismus, den Tourismus; die Industrie, der Industrie, die Industrie; der Chef, des Chefs, den Chef; die Tiere, der Tiere, den Tieren; der Seite, der Seite, die Seite; des Herzens, dem Herzen, das Herz; des Hauses, dem Haus, das Haus; die Straße, der Straße, die Straße; des Schlüssels, dem Schlüssel, den Schlüssel; das Essen, des Essens, das Essen; des Ausländers, dem Ausländer, den Ausländer; die Sätze, den Sätzen, die Sätze; die Länder, der Länder, den Ländern; des Fotos, dem Foto, das Foto; der Bus, des Busses, den Bus; das Obst, des Obst(e)s, dem Obst; die Zwiebel, der Zwiebel, die Zwiebel; der Nudeln, den Nudeln, die Nudeln; der Bleistift, des Bleistift(es), dem Bleistift; der Fluss, des Flusses, den Fluss; der Kartoffel, der Kartoffel, die Kartoffel; die Tomaten, der Tomaten, den Tomaten

2. 1. Der, die 2. das, des Lehrers 3. dem 4. den 5. Die, der 6. der 7. Dem 8. das 9. die, den 10. Die 11. dem, den 12. Die Hemden 13. Die

14. Die Eier 15. die, des Problems 16. die Schuld des/der Journalisten 17. Der, der 18. dem 19. Die Kunden 20. Die Spargel 21. Die, der 22. des Geschmacks 23. der 24. der 25. des Zusammenlebens 26. den, der 27. Die Kinder, den 28. die, der 29. Die, der 30. der, des Gedicht(e)s 31. der, die 32. Die, der 33. dem/Im, das 34. dem 35. den 36. den 37. den 38. Der, die 39. der 40. das 41. der 42. Das 43. der 44. Das 45. Das 46. Das 47. Den

3. 1.ein 2. Einem 3. einem, eine 4. einer 5. einen 6. einen 7. eines 8. einen 9. ein 10. ein 11. einen 12. ein 13. eine 14. ein 15. einen 16. eine 17. einem 18. eine 19. eine 20. Eines 21. einen 22. einer 23. eine 24. ein 25. eine 26. eines, einer 27. einen, eine 28. Ein, einen 29. eine 30. Ein, einen 31. einem, ein 32. eines/einer 33. einem, eine 34. Ein, eine, eine 35. ein 36. eine 37. einem 38. einer 39. einen 40. Ein, ein 41. einem 42. einer, eine 43. eines 44. einen 45. ein 46. einem47. ein 48. einem 49. Ein 50. einen

4. 1. Ich schreibe der Freundin eine E-Mail. 2. Der Lehrer erklärt den Schülern die Aufgabe. 3. Ich kaufe meiner Tochter ein Paar Schuhe. 4. Sie gibt den Eltern das Geld zurück. 5. Maria leiht der Freundin ihr Fahrrad. 6. Du zeigst den Touristen den Weg. 7. Der Kellner bringt den Gästen den Wein. 8. Der Lehrer liest den Kindern eine Geschichte vor. 9. Ich mache der Dame die Tür auf. 10. Wir empfehlen den Nachbarn das Hotel. 11. Schickst du den Großeltern das Paket? 12. Ich schulde der Nachbarin fünf Euro.13. Der Türsteher verweigert dem Jugendlichen den Zutritt. 14. Der Direktor überreicht dem Abiturienten das Zeugnis. 15. Der Minister übergibt dem Nachfolger das Amt. 16. Opa sieht seinem Enkel alle Fehler nach. 17. Die Mutter vertraut der Tochter ein Geheimnis an.

Kapitel 3

1. Der 2. dem 3. - 4. ein 5. - 6. - 7. - 8. der 9. Ein 10. eine 11. - 12. - 13. einen 14. ein 15. Der, dem 16. - 17. - 18. - 19. - 20. -, den 21. -, - 22. einen 23. ein 24. einen 25. - 26. - 27. - 28. - 29. der 30. - 31. - 32. -, einem 33. ein 34. ein 35. einen 36. der 37. -, -, die 38. - 39. die 40. -, - 41. eine 42. eine, der 43. einen 44. -, - 45. ein 46. - 47. Ein 48. - 49. der 50. im, der 51. - 52. des 53. einen 54. -/einen 55. eine 56. der 57. - 58. das 59. einen 60. den 61. die 62. Eine, der 63. ein, einem 64. - 65. Das 66. einen 67. - 68. dem/im 69. -, den 70. der 71. eine 72. eine 73. einem 74. dem, einen 75. ein, - 76. -, der 77. Ein, eines 78. - 79. - 80. einen 81. ein, dem 82. einen 83. -, - 84. einen 85. -, - 86. - 87. - 88. ein 89. - 90. - 91. - 92. - 93. Das 94. dem 95. ein 96. - 97. - 98. Das 99. - 100. Die 101. dem 102. der 103. -, - 104. der 105. einer 106. eine 107. den

Kapitel 4

1. dieses Kind(e)s, diesem Kind, dieses Kind; dieses Auto, dieses Autos, dieses Auto; dieses Menschen, diesem Menschen, diesen Menschen; diese Bücher, dieser Bücher, diesen Büchern; jener Frau, jener Frau, jene Frau; diese Katze, dieser Katze, diese Katze; dieser Fluss, dieses Flusses, diesen Fluss; desselben Autos, demselben Auto, dasselbe Auto; diese Kinder, diesen Kindern, diese Kinder; diese Frauen, dieser Frauen, dieser Frauen; dieser Blume, dieser Blume, diese Blume; dieser Tisch, dieses Tisch(e)s, diesen Tisch; solcher Männer, solchen Männern, solche Männer; dieses Tal, dieses Tal(e)s, diesem Tal; diese Töchter, diesen Töchtern, diese Töchter; dieses Hotel, dieses Hotels, diesem Hotel; jenes Jahres, jenem Jahr, jenes Jahr; diese Küche, dieser Küche, diese Küche; dieser Zeitung, dieser Zeitung, diese Zeitung; diese Filme, diesen Filmen, diese Filme; jene Tage, jener Tage, jenen Tagen; dieser Äpfel, diesen Äpfeln, diese Äpfel

2. 1. dieses 2. diesem 3. dieses 4. jenem 5. dieses 6. diesem 7. dem 8. Das 9. diesem 10. dieser 11. Diesen 12. Dieser 13. dieses 14. dieser 15. diese 16. diesem 17. diesem 18. diesen 19. dieser 20. diesen 21. Das 22. Dieses 23. Derselbe 24. dieses 25. dieselben 26. das 27. der 28. demselben 29. solchen 30. jener 31. dieser 32. solches 33. dieses 34. Diesen 35. Dieses 36. dieser 37. diesen 38. dieser 39. diese 40. Dieser 41. Diesem 42. dieser 43. diesem 44. diesem 45. dieser 46. dieser

Kapitel 5

1. 1. dein 2. deine 3. deines 4. meinen 5. seiner 6. ihrem 7. meine 8. unsere 9. deine 10. meinem 11. ihren 12. Ihr 13. meiner 14. eurer 15. Unser 16. meinen 17. deine 18. seine 19. mein 20. eure 21. dein 22. meinem 23. Deinen 24. unserem 25. unsere 26. ihren/ihre 27. meiner 28. sein 29. Ihre 30. meine 31. seine 32. ihre 33. meiner 34. Euer 35. Ihre 36. deinem 37. seiner 38. meinen/meine 39. ihre 40. seiner 41. unserem 42. deinem 43. ihren 44. eure 45. deinen 46. deinen 47. Unserem 48. Unserer 49. eurem 50. meiner 51. ihren 52. ihr 53. Unsere, unsere 54. meinen 55. mein 56. ihr 57. Unserer, unseren 58. eure59. deine 60. seinem 61. meiner 62. ihren 63. mein

2. 1. deine 2. ihre 3. ihre 4. seine 5. eure 6. unsere 7. deinem 8. unser 9. ihr 10. meiner 11. unseren 12. eure 13. deine 14. meine 15. ihr 16. seinem 17. eure 18. Ihr 19. seinen 20. ihren 21. seines 22. seinen 23. Meinem, meiner 24. dein 25. ihren 26. seiner 27. sein 28. Ihren 29. eure 30. deinen31. seiner 32. deine 33. ihren 34. unser 35. Ihren 36. deiner 37. Ihre 38. seiner 39. seines 40. ihre 41. euerer/eurer

3. 1. eurem 2. Ihre 3. deins/deines 4. Unserer 5. deins/deines 6. seine 7. ihren 8. Meine 9. seins/seines 10. meinen 11. deins/deines 12. meiner 13. deinem

Kapitel 6

1. alles 2. jeden 3. Nichts 4. etwas 5. jeden 6. alles 7. Aller 8. Keine 9. jedem 10. keine 11. Jedem 12. einem 13. man 14. Alle 15. einen 16. keine, welche 17. mehrere 18. etwas 19. man, einem 20. Man, alles 21. einer 22. Alles 23. etwas, einem 24. man 25. keins 26. einige 27. Gewisse, man 28. kein 29. Man 30. niemand(em) 31. nichts 32. keinen 33. alle 34. keinen 35. niemand(en) 36. keine 37. nichts 38. Man 39. man, man 40. nichts 41. Alles 42. allen 43. keinen 44. alle 45. keine 46. aller 47. etwas/nichts 48. jemand(en) 49. kein 50. Jeder/Niemand 51. alles 52. Etwas 53. jedem 54. jeden 55. Alles 56. (irgend)ein 57. gewisser 58. Einer 59. irgendeinen 60. Jeder 61. all(e)62. jedermanns 63. etwas 64. jemand 65. keine 66. Manche 67. Jedes68. andere 69. gewissem 70. Jedes 71. etwas/nichts 72. Jedem 73. Gewisse/Manche 74. Etwas 75. Etwas 76. manches/einiges 77. (irgend)einen

Kapitel 7

1. 1. welchem 2. Was 3. Warum 4. Wie 5. wievielt 6. Welche 7. wann 8.welchem9. Wessen 10. wem 11. Wie 12. Warum 13. Wer 14. Wie viel 15. Wievielten 16. welchem 17. welcher 18. wessen 19. Wie 20. Wie viel 21. Wie 22. wem23. was für einem 24. Wie 25. welche 26. Wie 27. was 28. Wo/Wie 29. Wohin 30. Wie 31. Wann 32. welchem 33. Wer 34. Wem 35. wen 36. welche 37. Wie 38. Woher 39. Welche 40. Wie 41. welcher 42. Welches 43. Wie 44. Woher 45. Was 46. Was 47. Wessen 48. Was 49. Wie viel 50. wann 51. wessen 52. welchem 53. wie viel 54. wen 55. Was 56. welchem 57. Was für ein 58. welcher 59. Wie 60. welches 61. Was 62. Wessen 63.Welches 64. Was 65. Wie 66. Wann 67. Wessen 68. Welches 69. Welcher 70. Welches 71. Was für einen 72. Welchen 73. Woher

2. 1.Womit 2. Worauf 3. Wovon 4. Worin 5. Wozu/Wofür 6. Womit 7. Woran 8. Worauf 9. Woran 10. Worauf 11. Worüber 12. Worauf 13. Wonach 14. Womit 15. Wovon 16. Worauf 17. Woran 18. Worauf 19. Worüber 20. Wogegen 21. Worauf 22. Worauf 23. Woran 24. Woran 25. Woran 26. Wonach 27. Woran 28. Worüber 29. Wovon 30. Womit 31. Worüber 32. Wofür 33. Wovor 34. Wofür 35. Womit 36. Woran 37. Worauf 38. Worauf/Wofür 39. Wofür 40. Wovon 41. Wofür 42. Wonach 43. Wonach 44. Worüber/Wovon 45. Worum 46. Wozu 47. Worum 48. Wofür 49. Wozu 50. Wovon 51. Worauf52. Worüber 53. Worin 54. Worauf 55. Wonach 56. Worauf 57. Wonach 58. Womit 59. Worauf 60. Womit 61. Womit 62. Worüber 63. Womit 64. Worüber 65. Wofür 66. Worauf 67. Worin

Hinweis: Umgangssprachlich wird häufig Präposition + *was* gebraucht: *Mit was?* anstelle von *Womit?*, *Von was?* anstelle von *Wovon*?, *Über was?* anstelle von *Worüber?* usw.

Kapitel 8

1. 1. mir 2. ihm 3. ihr 4. uns 5. ihnen 6. ihm 7. ihnen 8. Mir 9. Ihm 10. Ihnen, Mir

2. 1. er, uns 2. es, ihr 3. ihr 4. du, ihm 5. ihr 6. ihm 7. dir 8. Ihnen 9. sie, ihm 10. ihm 11. dir 12. mir 13. sie 14. sie, ihr 15. er, ihn 16. sie 17. euch 18. uns 19. Ihnen 20. mir 21. Es 22. es 23. dich 24. uns 25. sie 26. ihnen 27. ihn 28. ihr 29. es 30. Es 31. uns 32. Du, dir 33. dir 34. du, dir 35. ihnen 36. euch 37. ihn 38. euch 39. mir 40. ihn 41. es, mich 42. mir 43. ihm 44. dir, ihr 45. ihnen 46. ihn 47. Es 48. Ihr

3. 1. ich habe es ihm 2. er hat ihn ihr 3. er hat es ihm 4. wir haben es ihr 5. ich habe sie ihm 6. sie hat sie mir 7. wir haben sie ihnen 8. ich habe ihn ihr 9. er hat ihn ihr 10. ich kann es dir 11. ich habe ihn ihnen 12. er hat sie mir 13. ich habe ihn ihnen noch nicht 14. er hat es mir 15. sie hat sie uns noch nicht 16. sie ihm 17. sie ihr 18. sie ihm 19. ihn ihr 20. es ihnen 21. sie ihr 22. es ihm 23. es ihnen 24. ihn ihm 25. sie ihr 26. ihn ihr

4. 1. mich 2. dir 3. dich 4. uns 5. dich 6. mich 7. dich 8. mir 9. sich 10. dir 11. euch 12. uns 13. sich 14. dir 15. sich 16. uns 17. dich 18. mir 19. dir 20. sich 21. dich 22. euch 23. sich 24. dir 25. mich 26. mir 27. euch 28. mir 29. sich 30. mich 31. sich 32. dich 33. sich 34. uns 35. dich 36. mir 37. mir, sich 38. mich 39. uns 40. sich, sich 41. mich 42. euch 43. sich 44. sich 45. mich 46. dich

5. 1. dafür 2. damit 3. dagegen 4. daran 5. damit 6. dafür 7. darauf 8. darauf 9. darin 10. dafür 11. dazu 12. dafür 13. darin 14. davon 15. darüber 16. davon 17. daran 18. dafür 19. dazu 20. davon 21. darauf 22. damit 23. davon 24. damit 25. dafür 26. darüber 27. damit 28. davon 29. dazu 30. Davon 31. davor 32. dagegen 33. darauf 34. dazu 35. dazu 36. Daraus 37. dafür 38. damit 39. daraus 40. daran 41. darunter 42. dabei 43. darin 44. darunter 45. dazu 46. davon 47. davon 48. dafür 49. darüber 50. dazu 51. Davon 52. darauf 53. dazu 54. Darauf 55. dazu 56. darauf 57. damit 58. davon 59. darum 60. Damit 61. dazu 62. davor 63. daran 64. dazu 65. darauf 66. darum 67. darüber 68. Darüber 69. davon 70. Davon 71. damit 72. darauf 73. darauf 74. dazu 75. daran 76. damit 77. Darum 78. darauf 79. Damit 80. Davon 81. Darauf 82. Darauf

6. 1. ihrer 2. seiner 3. ihrer 4. ihrer 5. ihrer 6. dessen

Kapitel 9

1. 1. der 2. den 3. die 4. das 5. deren 6. das 7. den 8. dessen 9. was 10. was 11. die 12. die 13. Was 14. was 15. der 16. was 17. Was 18. Wer 19. was 20. der 21. dessen 22. was 23. dem 24. dessen 25. dem 26. die 27. was 28. der 29. die 30. die 31. Wer 32. denen 33. Wer 34. Was 35. den 36. den 37. was 38. deren 39. das 40. was 41. das 42.

Wer 43. deren 44. was 45. deren 46. der 47. was 48. deren 49. Wer 50. Was 51. was 52. der 53. deren 54. die55. Wen 56. das

2. 1. die 2. das 3. den 4. dem 5. der 6. die 7. dem 8. der 9. dem 10. dem 11. dem 12. das 13. dem 14. dessen 15. dem 16. die 17. die 18. dem

3. 1. womit 2. woran 3. wovon 4. wofür 5. womit 6. woran 7. wofür 8. womit 9. worüber/wovon 10. worauf 11. worin 12. worüber 13. wozu 14. woran 15. wovon 16. wovon 17. woran 18. worüber 19. worum 20. worüber 21. womit 22. wovon 23. worauf 24. worüber 25. worunter

4. 1. über die 2. mit dem 3. in der 4. mit der 5. an die 6. in dem 7. in dem 8. für das 9. mit dem 10. von denen 11. auf die 12. an dem 13. an dem 14. über das/von dem 15. für den 16. an dem 17. mit dem 18. über den 19. auf die 20. zu dem 21. mit der 22. mit der 23. an dem 24. auf die 25. mit der 26. mit dem 27. an die 28. in dem 29. von der 30. unter dem 31. über die/von denen 32. nach der 33. auf die 34. auf die 35. ohne das 36. in denen 37. für das 38. von dem 39. über die 40. in das 41. mit dem 42. bei der 43. für das 44. für die 45. in dessen 46. an die 47. mit dem 48. in dessen 49. ohne dessen 50. auf die 51. neben dem 52. mit der 53. in denen 54. in der 55. von denen 56. woraus 57. über den 58. an den 59. für die 60. über die 61. ohne den 62. von dem 63. mit dem 64. von denen 65. auf dem 66. auf den 67. auf dessen 68. an die 69. von denen 70. in denen 71. aus der 72. auf die 73. von der 74. mit dem 75. an dem 76. von dem 77. um die 78. bei dem 79. um die 80. mit dem 81. zu der 82. auf den 83. zu dem 84. über die 85. zu der 86. von denen 87. mit der 88. um die 89. bei der 90. auf/für die91. für den 92. in die 93. von dem

5. 1. Peter, der als Krankenpfleger arbeitet, hat mir das Leben gerettet. 2. Robert ist ein Freund, auf den ich mich immer verlassen kann. 3. Das ist ein Problem, für das man sofort eine Lösung finden muss. 4. Das Auto, dessen Räder abmontiert waren, stand am Straßenrand. 5. Ich habe einen Freund, dessen Vater bei der Polizei ist. 6. Mein Freund bewundert Frau Rossi, was mich überrascht. 7. Die Frau, mit der ich gestern sprechen wollte, war nicht da. 8. Die Firma, bei der mein Vater schon seit 1990 arbeitet, ist insolvent. 9. Wir wohnten in einem Hotel, das sehr schön war. 10. Einige Menschen unternehmen Reisen, an die sie sich ihr ganzes Leben erinnern werden. 11. Das ist mein neues Buch, an dem ich schon zwei Jahre arbeite. 12. Der Junge, der bei dem Verkehrsunfall verletzt wurde, liegt immer noch im Krankenhaus. 13. Das Mädchen, dem ich Nachhilfestunden gegeben habe, ist versetzt worden.

Kapitel 10

1. 1. alte Männer, die guten Freundinnen, die braven Kinder, die kleinen Mädchen, die schlechten Ergebnisse, die älteren Brüder, die jüngeren Schwestern, freundliche Menschen, die starken Schmerzen, die hohen Häuser, die früheren Generationen, große Probleme, kluge Köpfe, die offenen Fenster, die kaputten Handys, schöne Gefühle, die schweren Koffer, die betroffenen Gebiete, die richtigen Lösungen, die faulen Kartoffeln, frische Brötchen, die neuen Computer, die vollen Aschenbecher, schwierige Fälle, komfortable Hotels, die breiten Schränke, japanische Touristen, lange Röcke, die nervösen Väter, fleißige Jungen, interessante Bücher, kostbare Uhren, korrekte Sätze, schnelle Autos, malerische Dörfer, bequeme Stühle, die dicken Bretter, alte Klöster, die letzten Bände, reife Früchte, herrliche Blumensträuße, schöne Fresken, heikle Themen, volle Stadien, europäische Firmen, leckere Pizzas/Pizzen, dicke Alben, englische Bands, große Territorien, die alten Gebäude, schnelle Wagen [süddt. auch Wägen], seltene Hobbys, berühmte Museen, rote Bänder, kleiner Mädchen, tiefen Gräben, voller Teller, hohen Häusern, kleiner/kleinen Schüsseln, gepflasterte Wege, wegen schwerer Fehler, auf großen Inseln, mit Hilfe guter Freundinnen, meiner ehemaligen Lehrer, in kleinen Flaschen, auf großen Schiffen, wegen der hohen Preise, in dunklen Räumen, auf riesigen Wiesen, in ähnlichen Fällen

2. ein nettes Kind, ein teurer/einen teuren Spieler, eine freundliche Verkäuferin, das große Problem, die breite Straße, einem hilfsbereiten Menschen, ein lustiger/einen lustigen Clown, eines befreundeten Landes, ein zuverlässiger/einen zuverlässigen Freund, der spannende/den spannenden Krimi, dem griechischen Mädchen, der schönen Frau, eines neuen Hotels, einem alten Baum, ein gefährlicher/[fachsprachlich] gefährliches Virus, eines guten Lehrers, einer leckeren Pizza, dem kulturellen Zentrum, ein ausreichendes Indiz, einem freundlichen Schüler, ein unverschämter/einen unverschämten Kunden, eines gepflegten Gartens

3. 1. großes 2. neue, meines Vaters 3. neuen Preisen 4. gute 5. guter 6. neues 7. letzten Jahren 8. ermüdende 9. schriftliche 10. mündliche 11. vollen 12. spannenden 13. frisches 14. tiefen 15. gemischten 16. gekochtem 17. hervorragende 18. ausgezeichneter 19. deinen älteren 20. gegrillten 21. dieses schöne 22. diesem blauen, eine gelbe 23. schlechten Wetters 24. weißes 25. diesem hohen 26. schöner 27. schlechten 28. teures 29. italienischen 30. sympathischer 31. gefährliches [fachsprachlich]/gefährlicher 32. schnelle 33. Frisches 34. Gegenseitiger 35. kühles

4. 1. luxuriöse 2. massivem 3. romanische 4. katastrophalen 5. fotogenes 6. kontraproduktive 7. riskantes 8. onomatopoetisches 9. imposant

5. 1. unerfüllbarer 2. erreichbares 3. unbesiegbare 4. leserliche/lesbare 5. Unüberwindbare 6. unheilbare 7. unerschütterlicher 8. Unerklärbare/Unerklärliche 9. essbarer 10. inoperabler 11. abschließbare 12. unbeschreibliches 13. unvorhersehbare 14. unvermeidbare/

unvermeidliche 15. unstillbares 16. inakzeptables 17. Unvorstellbare 18. Unwiderlegbare 19. Unverträgliche 20. Unverständliche 21. unentschuldbarer 22. lösbare 23. lesbarer 24. unbestreitbare 25. unhaltbarer 26. unübersetzbarer 27. undurchführbares 28. unbelehrbarer 29. unerschütterlicher

6. 1. intelligenter 2. schwerer 3. leichter 4. mehr 5. höher, reicher 6. kleinere 7. schwierigere, bessere 8. Klügere 9. mehr 10. besseren 11. länger 12. dunkler 13. weniger, mehr 14. schmaler/schmäler 15. lieber 16. Geringerer 17. päpstlicher 18. jüngerer 19. ältere 20. komfortablere

7. 1. beste 2. geringsten 3. größter 4. höchste 5. kürzeste 6. besten 7. schlechteste 8. stärkste 9. gesündeste 10. Dümmste 11. längste 12. meistbesuchten 13. erholsamste 14. geringste 15. älteste 16. größte 17. nächste 18. jüngste 19. meisten 20. bravste 21. klügste 22. weißeste 23. Schlimmste 24. ausführlichste 25. spannendste 26. hilfsbereiteste 27. preiswerteste 28. meisten 29. größte 30. ältesten 31. geringste 32. besten 33. beste 34. schwärzeste 35. wahrsten 36. Bestes 37. Mindeste38. bester 39. schmalste/schmälste 40. heißeste 41. meisten 42. besten 43.schwächste 44. Jüngste 45. herrlichstes 46. sympathischsten 47. widrigster 48. Klügsten 49. blasseste 50. bestes 51. höchste 52. Schlimmsten 53. schlechteste 54. Ärmster 55. geringsten 56. stärksten 57. höchsten 58. meisten 59. höchste 60. besten 61. unterstes 62. größte

8. 1. k 2. h 3. a 4. m 5. n 6. j 7. d 8.o 9. l 10. g 11. e 12. f 13. c 14. i 15. b 16. p 17. q 18. r 19. s 20. t 21. u 22. v 23. x 24. z 25. y.

Kapitel 11

1. 1. besuchst 2. nimmt 3. liest 4. hilft 5. isst 6. Kommt 7. Bist 8. gilt 9. Habt 10. hast 11. wird 12. darf 13. willst 14. gräbt, fällt 15. schläfst 16. schmilzt 17. triffst 18. musst 19. gibt 20. Nehmt 21. spricht 22. Kannst 23. mag 24. wirfst 25. Hältst 26. erschrickt 27. sieht 28. weiß 29. frisst 30. Siehst 31. bewirbt 32. trifft 33. soll 34. tritt 35. misst 36. lädt ... ein 37. lässt 38. muss 39. Magst 40. Habt 41. seid 42. wächst43. fällt 44. stößt 45. trägt 46. wirbt 47. stiehlt 48. sticht

2. 1. gemacht 2. gespielt 3. gewohnt 4. gearbeitet 5. gekocht 6. gedeckt. 7. gelebt 8. gewartet 9. geweint 10. gelacht 11. gesagt 12. getröstet 13. gefrühstückt 14. gelernt 15. gekostet 16. aufgestanden 17. verstanden 18. gegessen 19. getrunken 20. geschrieben 21. gelesen 22. gesehen 23. gegangen 24. gefunden 25. abgeholt 26. besucht 27. korrigiert 28. bezahlt 29. studiert 30. getragen 31. verziehen 32. gratuliert 33. gewandt/gewendet 34. angefangen 35. geklettert 36. gestohlen 37. vergessen 38. geniert 39. gelogen 40. gegangen 41. verloren 42. gewaschen

3. 1. Meine Freunde haben sich ... aufgehalten. 2. Ich habe mich ... getroffen. 3. Müllers sind umgezogen. 4. Leider ist es mir nicht gelungen. 5. ... hat mir gefallen 6. Wir sind ... geflogen. 7. Ich habe ... gelesen. 8. Was habt ihr getan? 9. Ich habe ihn ... gesehen. 10. Wir haben ... bekommen. 11. ... hat ...geschlagen. 12. Warum hast du ... angerufen? 13. Ich habe ... genommen. 14. Er hat ... gestohlen. 15. Warum haben ... gesprochen? 16. Ich habe ... gewusst. 17. Es hat ... gerochen. 18. Sie haben ... gebracht. 19. Er hat ... zurückgegeben. 20. Warum haben ... geschossen? 21. ... hat ... begonnen. 22. Er hat ... vergessen. 23. Warum sind sie ... geblieben? 24. Wir haben/sind ... gesessen. 25. ... ist ... geworden. 26. Er hat ... geschlafen. 27. Ich habe ... gekannt. 28. Wir sind ... aufgestanden. 29. ... hat ... ausgegeben. 30. Ich habe ... abgeschlossen 31. Warum hast du ... angelogen? 32. Ich habe ... geschrieben. 33. Er hat/ist ... gelegen. 34. Ich habe ... genossen. 35. ... hat ... gegeben. 36. Das hat ... geklungen. 37. ... ist ... gewesen. 38. ... hat ... mitgebracht. 39. ... hat ... gebeten. 40 ... hat ... gewonnen? 41. Ich habe ... begriffen. 42. Ich habe ... geschlafen. 43. Das habe ich ... gewollt. 44. Warum hast du ... weggeworfen? 45. ... ist ... geworden. 46. ... ist ... gestiegen. 47. ... hat ... verreisen müssen. 48. Er hat ... glauben wollen. 49. Wir haben ... teilnehmen können. 50. ... sind ... gestorben. 51. ... hat ... gelitten. 52. ... hat ... zugegeben.53. ... hat ... gedurft. 54. ... hat ... liegen sehen. 55. ... hat ... fernsehen dürfen. 56. Ich habe ... spielen hören. 57. Wir haben/sind ... geschwommen. 58. Ich bin ... gelaufen. 59. ... hat ... frei laufen lassen. 60. Ich bin/[seltener] habe ... gesprungen. 61. Er ist/[seltener] hat ... gelaufen. 62. Sie sind ... geschwommen. 63. ... ist ... gesprungen. 64. ... ist übergelaufen. 65. Ich habe ... erinnern können. 66. ... hat ... geniest. 67. Ich habe ... gehängt. 68. ... ist ... gewachsen. 69. ... ist ... geschmolzen. 70. ... hat ... gehangen. 71. ... hat ... abgepfiffen. 72. ... hat ... geschlichen. 73. Ich habe ... abgehoben. 74. ... hat ... einsehen wollen. 75. ... habe ich ... gedurft. 76. ... haben ... gewinkt. 77. ... ist gerissen

4. 1. Wirst du ... essen? 2. ... wird sich ... treffen. 3. Ihr werdet ... sehen. 4. Er wird ... geben. 5. Wirst du ... helfen? 6. Wirst du ... lesen? 7. Wirst du ... sein? 8. Er wird es ... vergessen. 9. Was wirst du ... raten? 10. Er wird ... haben. 11. Sie wird ... sein. 12. ... wird ... empfehlen. 13. ... wird ... geschehen

5. 1. waren 2. trafen 3. las 4. kam 5. brachte 6. versprachen, hielten 7. hatten 8. liefen 9. saß, rauchte 10. wusste, anlog 11. schien 12. misslang 13. lief 14. sprang 15. rannte 16. wuchs 17. stieg 18. verlor 19. wog 20. trank 21. riet 22. hob 23. genoss 24. schwieg 25. roch 26. schloss 27. pfiff 28. lasen 29. begann 30. lagen 31. aßen 32. gefiel 33. sann 34. dachten 35. erschrak 36. empfahl 37. kroch 38. galt

6. 1. gemacht habe 2. gemacht hatte 3. geräumt (worden) war 4. konzentriert habe 5. gegessen hatte 6. gestohlen hatte 7. beendet hatten 8. anfing 9. gescheitert war 10. spielten, läutete 11. getrunken hatte 12. getan ist 13. vergessen hatte 14. regnet15. starb 16. merkte

7. war; schien, flog; lasen, schliefen, sprachen; leuchtete; ging; kam, wandte/wendete, fragte; Gibt, glaubt; antwortete; glaube; erwiderte, hat, sind ausgefallen, wir stürzen ab, fehlt

8. beging; ging; war, war; sah, entgegenkam; bekam; ging, machte; gerieten, stießen, fielen; stellte, konnte, griff; war verschwunden; verfolgte, packte, verlangte; übergab; kam, war, sah, lag; hatte ... liegen lassen, hatte ... vergessen; hatte ... begangen

9. lebte, trank, gefiel, gab, meckerte, wurde, legte, tat, kam, bekam, schrie, kam, sagte, rief, ging, sah, sah, hervorschaute, nahm, warf, sah, trieb, drohte, wurde, gedroht hatte, fiel, gerufen hatte, war

10. 1. ... werden ...angekommen sein. 2. ... wird ... gelesen haben. 3. ... wird ... gelandet sein. 4. ... wird ... eingesehen haben. 5. ... wird ... gefunden haben. 6. ... wirst ... gewöhnt haben. 7. ... wird ...entzogen worden sein. 8. Werdet ... abbezahlt haben? 9. ... wirst ... abgeschlossen haben? 10. ... werden ... begriffen haben. 11. ... werden ... gehabt haben. 12. ... wird ... gewesen sein. 13. ... werden ... verboten haben. 14. ... werden ... gegangen sein. 15. ... werden ... gegessen haben.16. wird ... gelöst haben

11. 1. auf 2. auf 3. ab 4. fern 5. an 6. ab 7. an 8. ab 9. durch 10. auf 11. aus 12. ein 13. um/an 14. her 15. hin/weg 16. auf 17. an 18. weg 19. um 20. um 21. mit 22. vor 23. zurück 24. ab 25. hinaus/raus 26. ein 27. ein 28. entgegen 29. über 30. ab 31. ab 32. an 33. durch 34. ein 35. auf, durch 36. hin 37. hinaus 38. klar/zurecht 39. ab 40. ab 41. zu 42. zu 43. hinzu 44. hin 45. bei/hinzu 46. auf 47. ab 48. an 49. dabei 50. mit

12. 1. Diesen Witz kann man nicht übersetzen. 2. ... kann man nicht bestreiten. 3. ... kann man ... überwinden. 4. Diesen Wunsch kann man nicht erfüllen. 5. ... kann man nicht reparieren. 6. ... kann man ... integrieren. 7. ... kann man erreichen. 8. ... kann man ... buchen. 9. ... kann man ... vermeiden. 10. ... konnte man ... fassen.11. Endlich konnte man den Fehler finden. 12. Das hätte man auch anders machen können. 13. Man konnte ihn nicht des Mordes überführen.

13. 1. ... lässt sich ... korrigieren. 2. ... lässt sich ... durchführen. 3. ... ließ sich ... löschen. 4. ... lässt sich ... öffnen. 5. ... lässt sich ... beheben. 6. ... lässt sich ... umarbeiten. 7. ... lässt sich ändern. 8. ... lässt sich ... entfernen. 9. ... ließ sich ... nachweisen. 10. ... lässt sich ... machen. 11. ... lässt sich ... aufbauen.

14. 1. kann 2. Lasst 3. soll 4. soll 5. lass 6. musste 7. willst 8. soll 9. Lasst 10. soll 11. soll 12. lässt 13. soll 14. kann 15. Kannst 16. sollst 17. konntest 18. soll 19. kann 20. konnte 21. Darf 22. kannst 23. kann 24. lassen 25. kann 26. können 27. muss 28. muss 29. müsst 30. kann/mag 31. muss 32. soll 33. sollen/müssen 34. lassen 35. soll 36. müssen 37. soll 38. wollte 39. will 40. soll 41. kann 42. wurden 43. soll 44. kann

45. Sollte 46. sollen 47. soll 48. muss 49. soll 50. lassen 51. muss/ möchte 52. darf 53. solltest 54. muss 55. braucht 56. darf 57. müssen 58. sollte 59. will 60. wollte 61. sollte 62. muss 63. soll 64. lässt 65. lassen 66. brauchst 67. Darf/Kann 68. darf 69. kann 70. können 71. kann 72. muss, können 73. kann, konnte 74. lässt 75. Lass 76. mag 77. müssen 78. soll 79. müssen 80. muss ... lassen 81. Solltest, braucht 82. soll 83. Willst 84. sollte/konnte 85.will 86. brauchen 87. Soll 88. könnte 89. soll 90. lassen 91. darf 92. muss 93. muss 94. kannst 95. soll/mag 96. soll/kann97. musste 98. können 99. soll 100. soll 101. Wollen 102. wolle 103. will 104. Darf 105. müssen 106. will 107. lasse 108. sollte/müsste 109. brauchst 110. könnte 111. Können 112. muss 113. Kannst 114. müsste 115. Lassen.116. kann 117. Kann/Darf 118. Lasst 119. wollte, könnte 120. muss 121. lasse 122. soll 123. mag/kann 124. sollen/dürfen 125. möchte/will 126. Sollte 127. soll 128. mag/soll

15. Es kann sein. 2. Du musst dich beeilen, ... 3. Man darf hier nicht rauchen. 4. Dein Chef darf dich nicht so behandeln. 5. Diese Vorschrift muss man beachten. 6. Er soll ... gewonnen haben. 7. Sie wollen ... heiraten. 8. Unser Sohn möchte ... studieren. 9. Ich konnte die Aufgabe nicht ... lösen. 10. Peter kann keine ... dasitzen. 11. Carmen muss die Bahn verpasst haben. 12. Er wollte mir nicht helfen.

Kapitel 12

1. 1. wachsendem 2. schleichenden 3. einladenden 4. fließendem 5. überwältigender 6. wollender 7. gegenüberstehender 8. bleibender 9. abnehmendem 10. machendes 11. fragendem 12. führenden 13. anstrengenden 14. hochtrabenden 15. blühenden 16. einleitenden 17. amtierenden 18. laufendem 19. entscheidenden 20. anliegenden 21. habenden 22. werdende 23. bezeichnendes 24. begleitende 25. kommende 26. gebührender 27. betreffenden28. andauerndem 29. fließendem 30. spielender 31. einfahrender 32. zuwinkendes 33. sengender 34. fließendem 35. tretender 36. anhaltendes 37. demonstrierender 38. kommenden 39. nachlassender 40. galoppierendes 41. wachsender

2. 1. eine deprimierende Niederlage 2. ein erfrischendes Getränk 3. ein schockierendes Verbrechen 4. die fehlenden Seiten 5. die Öl exportierenden Länder 6. eine ständig wachsende Weltbevölkerung 7. das aufnehmende Land 8. die Dienst habende Apotheke 9. ein eng anliegendes Kleid 10. ein nicht wieder gutzumachender Fehler 11. ein passender Ausdruck 12. ein ermutigendes Ergebnis 13. ein Mut machendes Buch 14. eine imponierende Leistung 15. zwei sich widersprechende Aussagen 16. ein aufsehenerregendes/Aufsehen erregendes Ereignis 17. ein schlafendes Kind 18. die uns zur Verfügung stehende Zeit 19. ein langsam wirkendes Gift 20. auf der Wiese spielende Kinder 21. ein ständig den Unterricht störender Junge 22. ein fleißig lernendes Mädchen 23. verletzende Worte 24. ein im See schwimmender Mann 25. ein am Ufer stehendes Haus

3. 1. Länder, die Krieg führen 2. eine Gesellschaft, die sich ständig verändert 3. ein Gebiss, das schlecht passt 4. ein Vortrag, der überzeugt 5. eine Konjunktur, die schwächelt 6. Kinder, die am Tisch sitzen 7. Regen, der anhält 8. ein Ereignis, das Aufsehen erregt

4. 1. der Wiederaufbau der durch den Krieg zerstörten Städte 2. der aus dem Zusammenhang gerissene Satz 3. eine mit Alarmanlagen ausgestattete Fabrik 4. die von den Engländern erhobenen Einwände 5. die von ihm erzählten Abenteuer 6. die von meinen Töchtern organisierte Feier 7. die von der Regierung getroffenen Entscheidungen 8. die von Professor Müller durchgeführten Experimente 9. ein wegen betrügerischen Bankrotts verurteilter Unternehmer 10. die zum Verkauf bestimmten Produkte 11. die auf den Mosaiken dargestellten Szenen 12. ein mit Mühe erreichter Wohlstand 13. die durch Abgase verursachte Luftverschmutzung 14. den vom Verkäufer verlangten Preis 15. das von meiner Frau reparierte Fahrrad 16. die von dem Schüler richtig gelöste Aufgabe 17. infolge der durch diesen Skandal ausgelösten Regierungskrise 18. ein auf der Straße spielendes Kind 19. das diese Flüchtlinge aufnehmende Land 20. die an diesem Gymnasium unterrichtenden Lehrer 21. ein von einer alten Frau überraschter Dieb 22. die von dieser Firma gebaute Brücke 23. das von dem Maler in seinem letzten Lebensjahr gemalte Bild. 24. bei dem von einem betrunkenen Autofahrer verursachten Unfall

5. 1. die Probleme, die in diesem Buch behandelt werden 2. das Gebiet, das von der Katastrophe betroffen ist 3. die Verbrechen, die von alkoholisierten Personen begangen werden 4. die Flüchtlinge, die aus dem Meer gerettet wurden 5. der Vorschlag, der von der Kommission abgelehnt wurde 6. das vierte Flugzeug, das von den Terroristen entführt wurde 7. das Werk, das ins Französische übersetzt ist 8. die Abgeordneten, die in diese Machenschaften verwickelt sind 9. die Maßnahmen, die von der deutschen Regierung ergriffen wurden 10. das Waldsterben, das durch sauren Regen verursacht wird 11. ein Verbrechen, das von der Polizei vereitelt wurde 12. die Fortschritte, die auf dem Gebiet der Medizin gemacht worden sind 13. die Führerscheine, die während des letzten Jahres eingezogen wurden 14. die Frau, die von einem Drogenabhängigen überfallen wurde 15. die Gebührenerhöhungen, die 2014 vorgenommen wurden 16. der Hund, der nicht angeleint war 17. das Auto, das vor der Bank geparkt war 18. die Bank, die frisch gestrichen war 19. die Plastiken, die in dem Museum ausgestellt sind. 20. der Turm, der 1965 errichtet wurde 21. die Dächer, die von dem/durch den Sturm abgedeckt wurden.22. die Jugendlichen, die ... festgenommen wurden 23. das Zimmer, das ... ausgelegt ist 24. die Personen, die ... befragt wurden 25. die Bank, die

... überfallen wurde 26. die Schülerin, die ... vorbereitet wurde 27. der Text, der ... durchgesehen wurde

Kapitel 13

1. 1. komm 2. nehmen Sie 3. gib 4. hilf 5. macht 6. erschrick 7. iss 8. sprecht 9. sieh 10. sprich 11. lies 12. nimm, korrigier 13. sei 14. friss 15. Bewirb 16. seid 17. streitet 18. pass auf, Tritt 19. Lass, triff 20. werd 21. hab 22. wirf 23. Friss, stirb 24. miss 25. verzweifle

2. 1. könnte 2. kämen/würden ... kommen 3. gäbe/würde ... geben 4. wären 5. wüssten 6. läge/würde ... liegen 7. hätte 8. gefiele/würde ...gefallen 9. müsste 10. stünde/stände/ würde ... stehen 11. hieße, müssten 12. zöge/würde ... ziehen 13. fiele/würde ... schwerfallen 14. täte/würde ... tun 15. dürfte 16. fände/würde ... finden 17. läge/würde ... liegen 18. bräche/würde ... brechen 19. sähe/würde ... aussehen 20. ließe/würde ... lassen 21. hielte/würde ... halten 22. Gälte/Würde ... gelten 23. klänge/würde ... klingen

3. 1. hätte 2. wärst/wärest 3. wüsste 4. wäre 5. gewusst hätte 6. lebe 7. abgebrochen hätte 8. sei 9. stehe ... bei 10. segne 11. behüte 12. schütze

4. 1. nähme ... an 2. gäbe ... zurück 3. führe 4. käme 5. ginge 6. gelänge 7. bliebe 8. bräche 9. ließe 10. sähe 11. schlösse 12. täte13. geriete 14. hieße 15. brächte 16. trügen ... bei 17. wüsste 18. träfe 19. spräche

5. 1. regnet 2. angerufen hättest 3. wäre 4. gewusst hätten 5. lernen würdest 6. besuchen würdest/besuchst 7. zurückgekommen wäre 8. beeilt hättest 9. rauchen würdest 10. kannst 11. wäre 12. gespielt hättet 13. gelesen hättest 14. wäre 15. gewesen wäre 16. angestrengt hätte 17. gegessen hättest 18. gerast wäre 19. bekommen hätte 20. getrunken hättest 21. beschränken würde 22. gespielt hättet 23. gewusst hätten 24. schreien würdest 25. gewarnt worden wären 26. fährt 27. gegessen hast 28. gewesen wäre 29. aufgepasst hättet 30. gebremst hätte 31. geläutet hätte 32. bist 33. nehme 34. gewinnen würde 35. verlieren würde 36. mitgespielt hättest 37. gesagt hätte 38. kannst 39. fragen würde 40. abgefahren sind 41. rauche 42. gewesen wäre 43. verirrst 44. beleidigt habe 45. sähe/sehen würde46. gewesen wäre 47. hast 48. aufgepasst hätte 49. regnet 50. angerufen hättest

Kapitel 14

1. 1. Diese Statue ist von einem Bauern gefunden worden. 2. Dieses Buch wird von allen Schülern gelesen. 3. Diese Frau ist von einer Gruppe Extremisten entführt worden. 4. Dieser Mann ist von zwei Räubern überfallen worden. 5. Dieser Vertrag wird von allen Mitgliedsländern unterschrieben werden. 6. Inzwischen ist dieser Vertrag von allen Mitgliedsländern unterschrieben worden. 7. Diese Nachricht ist von fast allen Zeitungen verbreitet worden. 8. Morgen wird der Bürgermeister vom Gemeinderat gewählt. 9. Das Problem muss möglichst schnell gelöst werden. 10. Das Auto ist in der Nähe des Parks wiedergefunden worden. 11. Die Entscheidung muss kurzfristig getroffen werden. 12. Das Flugzeug wurde von zwei Terroristen entführt. 13. Einige Viren können von Zecken übertragen werden. 14. Der Turm ist von einem Blitz getroffen worden. 15. Wir sind von einem Freund informiert worden. 16. Ein solcher Vorschlag würde nie angenommen werden. 17. Die Stadt wurde durch ein Erdbeben zerstört. 18. In Deutschland werden viele Dialekte gesprochen. 19. Dieser Ausdruck wird nicht mehr gebraucht. 20. Auf diese Weise können die Abwehrkräfte gestärkt werden. 21. Diese Arbeiten müssen von einer Spezialfirma durchgeführt werden. 22. Zwei Jugendliche sind von der Polizei festgenommen worden. 23. Diese Angelegenheit müsste anders geregelt werden. 24. Der Chor ist vom Papst in Privataudienz empfangen worden. 25. Den Erdbebenopfern wurde von der Regierung sofortige Hilfe versprochen. 26. Sie ist von ihrem Chef immer gut behandelt worden.

2. 1. Der Brand wurde durch einen Kurzschluss verursacht. 2. Die Arbeiten sind vom Lehrer noch nicht zurückgegeben worden. 3. Diese Nachricht war von fast allen Zeitungen verbreitet worden. 4. Der Vertrag ist von allen Mitgliedsstaaten unterschrieben worden 5. Drei Spieler waren vom Schiedsrichter vom Platz gestellt worden. 6. Diese Angelegenheit muss bis Freitag erledigt werden/sein. 7. Der Täter war von zwei Zeugen am Tatort gesehen worden. 8. Morgen wird vom Parlament über den Gesetzentwurf abgestimmt werden. 9. Diese Straße muss eine Woche für den Verkehr gesperrt werden. 10. Das Mädchen ist vom Detektiv beim Diebstahl eines Parfums ertappt worden. 11. Alle Fragen sind von dem Kandidaten korrekt beantwortet worden. 12. Der Junge war schon lange von seinen Mitschülern gemobbt worden. 13. Warum ist der Vorschlag gestern von der Geschäftsleitung abgelehnt worden? 14. In einer Woche kann mit dem Bau begonnen werden. 15. Der Gehweg muss bis 7 Uhr vom Schnee geräumt werden. 16. Dieses Jahr sind bedeutend mehr Tore geschossen worden als letztes Jahr. 17. Diese Vergehen müssen von der Justiz stärker geahndet werden. 18. Der Schwerverletzte konnte nur durch eine Notoperation gerettet werden. 19. In Kaufhäusern und Supermärkten wird immer mehr gestohlen; dieser Zustand kann nicht länger hingenommen werden. 20. Der Minister soll wegen Kreislaufbeschwerden ins Krankenhaus eingeliefert worden sein.

3. 1. Wer hat ... verbreitet? 2. Alle respektieren seinen Vater. 3. Die Schüler müssen den Text ... bearbeiten. 4. Wir werden die Zeit gut nutzen. 5. Der Jugendliche hatte die Frau misshandelt und vergewaltigt. 6. Damals traf man .... 7. Der Lastwagen hat ... erfasst. 8. Bei der Razzia nahm die Polizei ... fest. 9. Man/Jemand hatte das Fax ...

weitergeleitet. 10. Das Gericht verurteilte den Unternehmer ...11. Dieses Problem konnte man ... lösen.

Kapitel 15

1. 1. nicht, nicht 2. Nichts 3. nie 4. Weder ... noch 5. Keiner 6. keinen 7. Keine 8. kein 9. Keiner 10. nichts 11. keine 12. nichts 13. weder ... noch 14. Niemand 15. Nein 16. kein 17. nie 18. keine 19. nichts 20. Niemand 21. Niemand 22. nichts 23. nie 24. Keine 25. Nie 26. keinen 27. kein, nicht 28. keine 29. nichts 30. keine 31. nichts 32. nie 33. nichts 34. noch keine 35. nichts 36. nie 37. kein 38. nichts, nichts 39. keiner/niemand 40. nichts 41. keine. 42. kein 43. nichts 44. keine 45. nicht 46. Nicht 47. kein 48. nicht 49. keine 50. Nicht 51. keine 52. keinen 53. Niemand 54. nicht 55. kein 56. nichts 57. nicht 58. nichts 59. keinen 60. Kein(e)s 61. keinen 62. keine 63. nichts 64. nichts 65. gar nicht 66. nirgends/nirgendwo 67. niemandes68. nichts 69. keine 70. kein 71. Nichts 72. weder ... noch ... noch 73. kein 74. niemand(em)/keinem 75. keinen

2. 1. keine Absicht. 2. nicht die Absicht 3. weder Französisch noch Spanisch 4. noch nicht 5. keinen 6. gar/überhaupt nicht 7. Nicht alle 8. niemals jemandem 9. noch nicht angekommen 10. Nein, Ich auch nicht 11. keine Angst 12. haben wir nicht die Möglichkeit 13. nie wieder/mehr

Kapitel 16

1. 1. hinten 2. Zuerst, dann 3. auswendig 4. absolut 5. draußen 6. Allmählich 7. viel 8. unten 9. besonders 10. früh 11. vergebens 12. beinahe 13. gleich 14. So 15. wirklich 16. gewaltsam 17. ziemlich 18. plötzlich 19. sogar 20. heimlich 21. vermutlich 22. einfach 23. wahrscheinlich 24. schlicht 25. vielleicht 26. Nebenan 27. lieber, gern, am liebsten 28. vorn 29. gut 30. meistens, manchmal 31. genug 32. oft. 33. selten, nur 34. leider 35. geschäftlich 36. beruflich 37. fließend 38. durchschnittlich.

2. 1. doch 2. etwa 3. doch 4. denn 5. ja 6. doch 7. mal 8. denn 9. aber 10. nur 11. aber 12. eh 13. gerade 14. denn/doch 15. doch 16. denn 17. eben 18. vielleicht 19. Schon 20. bloß 21. einfach 22. mal 23. eben 24. eben 25. doch 26. doch 27. einfach 28. denn 29. aber 30. einfach 31. schon, doch 32. schon/wohl 33. vielleicht 34. doch 35. vielleicht 36. doch 37. schon 38. aber 39. etwa/denn 40. aber 41. doch 42. ja/bloß 43. halt/eben 44. ganz 45. halt/eben 46. mal 47. aber/eben48. wohl 49. denn 50. eigentlich 51. etwa 52. sowieso/eh 53. doch

Kapitel 17

1. 1. bis 2. damit 3. Seitdem 4. wenn 5. wenn/sobald 6. wenn 7. Da 8. 9. weil 10. bevor 11. Obwohl 12. Da 13. wenn 14. Als 15. bevor 16. Seitdem 17. solange 18. wenn/sobald 19. Wenn/Jedes Mal, wenn 20.

als 21. während 22. weil 23. Während 24. seitdem 25. Wenn/Sobald 26. damit 27. Wenn 28. aber 29. während/wohingegen 30. bevor 31. Seitdem 32. Nachdem 33. während/als 34. Da 35. weil 36. Obwohl 37. Damit 38. und 39. Wenn 40. als ob 41. Nachdem 42. indem 43. Obwohl 44. Während 45. Da 46. Wenn 47. als 48. Wenn 49. damit 50. Wenn/ Falls 51. dass 52. daher 53. obwohl 54. Da 55. Wenn 56. bevor 57. Nachdem 58. Damit 59. Als 60. weil 61. indem 62. Nachdem 63. sodass 64. vorausgesetzt 65. je nachdem ob 66. Obwohl 67. außer dass 68. indem 69. sodass. 70. Soviel 71. als ob 72. als 73. denn 74. wie 75. Während 76. bevor 77. Wenn 78. dass 79. Solange 80. als dass 81. wie 82. Obwohl/Dafür dass 83. Nachdem 84. Wenn 85. weil 86. trotzdem 87. dass/damit88. oder 89. zwar ... aber 90. Wenn 91. Bevor 92. Wenn 93. Obwohl 94. indem/dadurch dass 95. bis 96. wenn

2. 1f, 2j, 3g, 4h, 5l, 6k, 7a, 8i, 9d, 10b, 11e, 12c

3. 1. ..., ohne sich von uns zu verabschieden. 2. Unser Sohn hat sich in den Kopf gesetzt, Arzt zu werden. 3. Ich habe vergessen, den Brief einzuwerfen. 4. Ich habe meinem Freund geraten, sich untersuchen zu lassen. 5. Anstatt seine Hausaufgaben zu machen, ist Tobias ins Kino gegangen. 6. ..., um mein Englisch zu verbessern. 7. Ich habe meiner Tochter verboten, in die Disko zu gehen. 8. Um ... studieren zu können

4. 1. Da schlechtes Wetter war, ... 2. Obwohl unser Onkel sehr reich war, ... 3. Dadurch, dass Peter häufig fehlte, verpasste er ...4. Während/Als der Schüler den Zebrastreifen überquerte, wurde er ... 5. Das Auto fuhr mit überhöhter Geschwindigkeit, sodass es ins Schleudern kam. 6. Seitdem mein Mann pensioniert ist, sitzt er ...7. Da er krank war, ... 8. Nachdem unser Sohn die Fahrprüfung bestanden hatte, war er ...

5. 1. für den Wiederaufbau des Gebäudes ein 2. die Einstellung des Verfahrens 3. die Streichung dieses Paragraphen aus dem Gesetzbuch 4. Die Entsorgung des Mülls ist Aufgabe der Stadt 5. auf ein Wiedersehen mit meiner Freundin 6. die Hinausstellung des Spielers 7. von der Teilnahme an der Bergwanderung 8. zur Beunruhigung 9. um die Verbesserung der Lebensbedingungen 10. deine Meinung dazu interessieren 11. zur Messung der Temperatur 12. zum Schutz des Bodens neue Bäume pflanzen 13. eine Entschuldigung von ihm. 14. will beim Melken der Kühe zuschauen. 15. für die Übersetzung des Briefes eine Stunde gebraucht. 16. werden zur Steigerung des Umsatzes beitragen. 17. zur Adoption eines Kindes entschlossen. 18. Durch Beharrlichkeit erreicht man 19. Schon beim Gedanken/Beim bloßen Gedanken daran 20. zur Verbesserung der internationalen Beziehungen beitragen. 21. Gleich nach Eingang der Ware 22. Nach seinem Rückzug aus der Politik, widmete sich der Minister...

6. 1. versprochen, dass ihnen sofort geholfen wird 2. den Mord begangen zu haben 3. geraten, die Schule zu wechseln 4. wie es zu dem Unfall kam/wie der Unfall passierte 5. sehr (darüber) gefreut, dass er zugesagt hat 6. wie es dem Verletzten gehe 7. Ich weiß nicht, warum er sich so merkwürdig verhält. 8. Es ..., im Garten zu arbeiten 9. Es ist notwendig, den Plan nochmals zu überarbeiten. 10. Er hat es geschafft, indem er hart trainierte. 11. hat sich dafür ausgesprochen, die Arbeitszeit ... zu reduzieren 12. dass das fehlerhafte Gerät zurückgenommen wird 13. haben festgestellt, dass sich das Betriebsklima zunehmend verschlechtert hat 14. Obwohl ich ... wirklich Verständnis habe/verstehe, finde ich 15. Es fiel ..., das Elternhaus zu verkaufen 16. Es ist ... ungeklärt, woher dieses Wort kommt 17. Es ist ungewiss, wann die Anlage in Betrieb genommen wird. 18. Es war vorhersehbar, dass Herr M. ... befördert werden würde. 19. nicht damit einverstanden, dass unser Trainer entlassen wurde.

Kapitel 18

1. 1. bei 2. in/im 3. An 4. bei, zu 5. nach 6. nach 7. in 8. zu 9. auf 10. in 11. nach 12. Bei 13. auf 14. nach 15. auf 16. bei 17. zu 18. an 19. gegenüber 20. Aus 21. entlang 22. auf 23. über 24. auf/in 25. um 26. Um 27. bis 28. bei 29. an 30. An 31. An 32. seit 33. mit 34. in 35. Zwischen 36. An 37. In 38. in 39. Zu 40. Bei 41. An 42. In 43. Aus 44. Bei 45. Außer 46. aus 47. Bei 48. Ab 49. Bei 50. durch 51. Vor 52. Bei 53. In 54. Nach 55. in 56. in 57. zu 58. mit 59. gegen 60. seit 61. mit 62. Ohne 63. Mit 64. für 65. mit 66. Auf 67. mit 68. gegen 69. mit 70. mit 71. um 72. für 73. aus 74. mit 75. mit 76. in 77. mit 78. Mit 79. In 80. auf 81. bei 82. hinter 83. aus 84. bei 85. für/gegen 86. bei 87. hinter 88. in/vor 89. mit 90. in 91. aus 92. auf 93. aus 94. wegen 95. in 96. aus

2. 1. im 2. ins 3. an den 4. in die 5. zum 6. an der 7. im 8. zur/auf die 9. von der 10. in den 11. im 12. Im 13. Über dem 14. Am 15. an den/über den 16. um die 17. in den 18. auf dem 19. auf der 20. an der 21. an der 22. im 23. zum 24. ins 25. im 26. ins 27. in der 28. im 29. in die 30. im 31. in der 32. auf 33. auf dem 34. im 35. auf der 36. ins 37. ins 38. im 39. im 40. beim 41. in die 42. in der 43. auf den 44. am 45. auf der 46. ans 47. am 48. An der/Um die 49. am 50. ans 51. auf den 52. gegen einen 53. von den 54. in den 55. bei der 56. auf das 57. vom 58. im 59. in den 60. im 61. im 62. ins 63. im 64. an die 65. an der 66. an der 67. von zu 68. im 69. an der 70. aufs 71. zur/auf die 72. auf dem 73. in die 74. auf dem 75. an den 76. vor der 77. zur 78. auf der 79. auf der 80. in der 81. in das 82. im 83. im 84. aus einer 85. aus dem 86. durch den 87. Vor dem 88. aufs 89. Im 90. im 91. Im 92. auf dem 93. in den 94. Auf dem 95. Vor den 96. im 97. am 98. auf der 99. Auf der 100. Am 101. Bei der 102. Am 103. zur 104. Beim 105. Zum/Am 106. Im 107. mit der 108. im 109. Gegen die, im 110. mit dem 111. Im 112. mit dem 113. zur 114. ins 115. ins

3. 1. auf 2. Zu 3. aus 4. Unter 5. Dank 6. Hinter 7. vor 8. außer 9. durch 10. aus 11. über/per/via 12. über, bei 13. bei 14. nach 15. Trotz 16. per

17. nach 18. zwischen 19. auf 20. bei/in 21. nach 22. auf 23. aus 24. in 25. mit 26. auf 27. auf 28. mit 29. in 30. aus 31. aus/im/zum 32. mit 33. mit 34. in 35. unter 36. nach 37. in 38. zu 39. auf 40. in 41. in 42. auf 43. ohne 44. mit 45. unter 46. auf 47. Nach, an 48. mit 49. Durch 50. vor 51. Wegen/Infolge 52. mangels 53. vor 54. wegen 55. Wegen/ Infolge 56. vor 57. mangels 58. vor 59. aus 60. auf 61. um 62. zu 63. unter 64. bei 65. nach 66. für 67. an, für 68. Für 69. bei 70. Bei, um, aus 71. auf 72. auf 73. nach 74. mit 75. Aus 76. Zwischen 77. Zu 78. unter 79. über 80. gegen 81. bis 82. bei 83. nach 84. außer 85. von 86. bei 87. nach 88. Bei, auf 89. auf 90. Gegen 91. bei 92. zu 93. Nach/Laut 94. mit 95. nach 96. Bei 97. anlässlich 98. nach 99. bei 100. an 101. auf 102. per 103. bei 104. unter 105. auf 106. an 107. auf 108. auf 109. Zu 110. in 111. auf 112. über 113. mit 114. in/mit 115. für 116. zu 117. mit 118. vor 119. vor 120. nach 121. nach

4. 1. von, an 2. Während des 3. um die 4. bis, in die 5. mit dem 6. bei, ums 7. nach der 8. im 9. vom 10. mit, in den 11. auf die 12. im 13. in die 14. im 15. auf dem 16. auf den 17. im, zum 18. im 19. zum 20. auf der 21. im 22. aus dem 23. durch die 24. durch die 25. am 26. auf die 27. bei der 28. beim 29. mit dem, zur 30. aus dem 31. in die 32. an der 33. an der 34. auf der 35. zur 36. ohne, hinter dem 37. am 38. im/in, mit der 39. vom 40. beim 41. auf der 42. zum 43. vom, in die 44. zum 45. auf dem 46. im 47. am 48. an der 49. Im/Beim 50. mit dem, durch die 51. durch, mit dem 52. unter die 53. um die 54. in die 55. vom 56. im, außer 57. auf der 58. um des 59. In, mit der, auf 60. ins 61. am 62. am 63. von den 64. mit der Zeit 65. aus der 66. im 67. am 68. bis zur 69. aus dem 70. im 71. Zum 72. bis zum 73. zur

5. 1. in 2. an 3. auf 4. für 5. mit 6. von 7. für 8. für 9. gegen 10. in 11. mit 12. in 13. für 14. in 15. von 16. an 17. zu 18. für 19. auf 20. in 21. an 22. von 23. mit 24. für 25. für 26. auf 27. für 28. auf 29. mit 30. für 31. gegenüber 32. vom 33. nach 34. von dem 35. von 36. zum 37. mit 38. zu 39. auf 40. An 41. für 42. von

6. 1. über 2. auf 3. um 4. vor 5. an 6. zu 7. von 8. auf 9. mit 10. über 11. an 12. von 13. an 14. von 15. An 16. über 17. an 18. an 19. auf 20. zum 21. nach 22. an dem 23. zu 24. in 25. an 26. auf 27. auf 28. nach 29. für 30. an 31. Auf 32. in der 33. um 34. an 35. von 36. in 37. aus 38. von 39. von 40. an 41. mit 42. bei 43. über 44. zu 45. von 46. von 47. zu 48. an 49. für 50. vor 51. nach 52. unter dem 53. auf den 54. über den 55. um 56. an das 57. auf das 58. zur 59. An der 60. auf das 61. an die 62. An 63. bei, über 64. unter 65. an das 66. auf die 67. nach 68. auf die 69. an 70. in 71. Auf 72. auf 73. auf 74. für den 75. in 76. mit 77. auf 78. auf 79. (an) 80. auf 81. über 82. auf 83. Mit 84. auf 85. an 86. gegen 87. mit 88. mit 89. an die 90. auf 91. an 92. zum 93. auf (die) 94. um

7. 1. auf 2. an 3. zum 4. ums 5. zum 6. gegen/auf 7. an der 8. zur 9. um die 10. an 11. an der 12. für den 13. zur 14. zum 15. zu 16. auf den 17.

auf das 18. von 19. auf 20. auf den 21. auf 22. zum 23. zum 24. zum 25. zur 26. nach 27. an 28. vor 29. zum 30. an 31. nach der 32. an 33. auf 34. nach 35. an den 36. für die 37. an die 38. bei der 39. zur 40. für die 41. um 42. nach 43. vor 44. nach 45. für die 46. zur 47. am 48. über den 49. zu den 50. auf 51. auf das 52. zum 53. vom 54. vor 55. auf 56. in die 57. mit (der) 58. in die 59. über 60. für die 61. gegen 62. auf 63. am 64. an 65. über das 66. auf 67. nach 68. nach 69. aus der 70. von 71. für 72. gegen die 73. zu 74. auf 75. zur 76. von der 77. für 78. zum 79. zur 80. vom 81. zur 82. zu

Kapitel 19

1. 1. er es nicht wisse/weiß 2. er habe ... nicht verstanden 3. sie hätten ... gesehen 4. sie werde ... ihres ... sprechen 5. sie würden mir helfen/ mir zu helfen 6. er sei mit seinem ... zufrieden 7. die Sache ihr ... liege/liegt 8.sie werde sich von ihrem ... lassen, wenn ... trenne 9. er habe ... überfallen, weil er ... sei und ... gebraucht habe, um sich ... 10. er werde ... unternehmen, ..., die entstanden seien 11. wenn sie sich ... benähmen/benehmen würden, es Ärger gebe 12. er werde mir ... geben, sobald er ... habe 13. wenn sie ... bekomme, werde sie aufhören/sie aufhören werde ... arbeiten, aber falls es ... gebe, werde sie ... arbeiten/sie ... arbeiten werde. 14. das sei ... gewachsen 15. er werde uns anrufen, sobald er ... ankomme 16. sie ... machen sollten/ sollen 17. sie werde ihnen ... erzählen, wenn sie versprächen/ versprechen würden, ..., und wenn sie ..., ..., ...gingen/gehen würden 18. er solle ... aufhören 19. er solle ... fahren, weil er ... müsse; sonst werde er ... verpassen 20. sie ... geworden sei/ist 21. er habe ... reagiert, weil ... ihn beleidigt habe 22. sie hätten mich ... gesehen 23. er sei sich ..., dass es ...gelingen werde 24. sie ... hätten/haben 25. es ihrer Schwester ... gehe/geht 26. er würde ... fahren ab er könne ... sich 27. sie kämen/würden ... kommen 28. er habe 29. er sich ... müsse/ muss 30. er solle ... vergessen 31. er werde ..., solange er lebe 32. sie würden 33. ich solle ... verzeihen, es werde 34. es sei ..., das es ... gebe. 35. solange sie ... sei, sie ... fahre 36. ich ... hätte/habe 37. er in der folgenden ... werde/wird 38. er ... gewusst habe 39. ich hätte ... ihn 40. wir würden 41. sie könne ..., weil sie ... habe/wusste 42. wir könnten 43. das ... dürfe/darf 44. es sei besser 45. sie werde 46. er habe 47. sie ...seien/sind 48. sie wolle 49. er müsse 50. sie könne sich ..., dass er ...werde, weil er sie ... enttäuscht habe, daher habe sie vor, sich ... 51. er werde mir ... , wenn ich ihm verspräche/ versprechen würde, ... von mir ... 52. ... würde, ... würde. 53. seien gegangen und würden erst am folgenden Tag ...

2. 1. wer das gesagt hat 2. warum sie sich scheiden lassen 3. wie das gehen soll(e) 4. wo ... ist? 5. wem ... gehört 6. wen ... eingeladen haben 7. ... wie ... geschafft hat 8. ...mit wem sie aus war 9. ... was das bedeutet 10. wie ich ihr helfen könne 11. wer ... gegessen hat 12. was ... ist 13. wo ich gewesen sei 14. wer ... gewinnen wird 15. wohin ich gehen soll 16. wie ... geht? 17. an ... ich aussteigen muss 18. wessen ... sei 19. wo ... hingekommen ist 20. von ... abfährt? 21. ob ich ... sei 22. ob wir vorhätten, unser ... 23. ob ich ... könne 24. wann ... getreten ist. 25. ob es ... gebe 26. ob ich wisse, wo ... könne.

Kapitel 20

1. 1. Wir treffen uns morgen um 20 Uhr vor dem Kino. 2. Ich habe dieses Jahr meiner Frau eine Halskette zum Geburtstag/zum Geburtstag eine Halskette geschenkt. 3. Wir werden nächstes Jahr unseren Urlaub auf Mallorca verbringen. 4. Der Student musste den Text aus dem Englischen ins Französische übersetzen. 5. Der Vorschlag der Regierung war von der Opposition abgelehnt worden. 6. Beeinflussen Videospiele das aggressive Verhalten von Jugendlichen? 7. Man muss sich auf seine Mitarbeiter verlassen können. 8. Ich fuhr jeden Morgen mit meinem Freund Thomas mit dem Bus zur Schule. 9. Der Spieler war nach dem schweren Foul des Feldes verwiesen worden. 10. Man bezichtigte ihn des Diebstahls. 11. Nächstes Jahr wird das Parlament die Erhöhung der Mehrwertsteuer um 2% beschließen. 12. Wird der Minister dieser schwierigen Aufgabe gewachsen sein? 13. Wann wird der Berliner Flughafen in Betrieb genommen werden können? 14. Ein Drogenabhängiger entriss der alten Frau die Handtasche. 15. Der Investor versuchte den Gemeinderat von der Wichtigkeit des Projekts zu überzeugen. 16. Alle zwei Jahre muss die Heizung von dem Schornsteinfeger überprüft werden.

2. 1. Maria habe ich nichts gesagt. 2. Zwei Schachteln Zigaretten raucht ihr Mann täglich! 3. Über Geschäfte haben wir nicht gesprochen. 4. So eine Küche habe ich noch nie gehabt. 5. Ihm würde ich nie vertrauen. 6. Abgefahren sind sie schon um fünf Uhr. 7. Gelernt hatte ich genug. 8. Können tu ich, aber ich will nicht. 9. Das zahlt die Krankenkasse nicht. 10. Arzt willst du werden? 11. Entdeckt hat die Leiche ein Spaziergänger.

Kapitel 21

1. die Spargel geschmeckt? 2. mir die Aufgabe 3. Diesen Satz 4. einen großen Parkplatz 5. Herrn Müller 6. Peters 7. lädt 8. Seid ihr mit dem Hotel 9. Brüder, auf Mallorca 10. Wen 11. Bei 12. keine Lust 13. Der Herbst, im September 14. Davor 15. aus allen Wolken 16. Frau Bertram, unserer Deutschlehrerin, 17. lässt sich von seiner Frau scheiden 18. Bei 19. Praktika 20. aus der Türkei 21. den Schülerinnen die Bücher 22. es mir 23. an Vitaminen 24. Ist dir schlecht? 25. Gold, als Silber 26. verlangt 27. auf dem Foto 28. noch eine Flasche Bier 29. verpasst 30. von Sonja 31. Wörter 32. lehrt mich Deutsch/bringt mir Deutsch bei 33. vor der Nase 34. Hatten Sie eine gute Reise? 35. Ich bin nicht von gestern. 36. Soll ich ... aufmachen? 37. Es heißt, er sei reich./Er soll reich sein. 38. gehalten 39. Wirf 40. vierzehn 41. einen

neuen Präsidenten 42. mich angelogen 43. das nicht machen können 44. Je mehr er hat, desto/umso mehr will er. 45. Bewirb 46. hat 47. das nicht 48. für das 49. Mir ist 50. brät 51. Mitnehmen 52. beantwortet/auf meine Frage nicht geantwortet 53. mich 54. teures 55. Hältst 56. Kaufleute 57. sind teuer/ kosten viel 58. das 59. inakzeptabel 60. Französisch, sondern auch Russisch 61. schworen 62. das Auto meines Bruders 63. auf 64. Gutes 65. eines Arztes 66. dieses Problems 67. Helden 68. Einzige, was 69. tritt 70. hingehängt.